高等职业教育"十三五"规划教材

表 达 训 练

主 编 那 淼　刘芳红
　　　　鞠 萍　井丽莉

北京邮电大学出版社
www.buptpress.com

内 容 简 介

本书以学生在工作生活中遇到的表达情境为活动素材，引导学生进行单向表达训练。本书充分贯彻以学生为中心的理念，以任务活动为载体，引导学生训练和学习。本书设计了"认识表达""讲述一个故事""介绍一个人或物""表达一个观点"和"抒发一种情感"等五个学习任务，每个学习任务分解为2～3个学习活动。每个学习任务都有"任务描述""学习目标"和"学习内容"，作为章节总体说明；每个学习活动都有"学习引导""任务下达""任务实施"和"知识链接"等环节。本书既有知识技能要点详解，又有相应的学习活动设计，以任务驱动的方式引导学生进行练习，注重过程性评价，对每个学习任务的评价都有详细、具体的评价表，力争把学习的落脚点放在能力和素养的提高上。

本书可作为职业院校各专业特别是服务类专业学生表达训练通识课程教学用书，也适用于同类社会化培训教学和有意于提升表达水平的学员自我训练使用。

图书在版编目（CIP）数据

表达训练 / 那淼等主编． －－北京：北京邮电大学出版社，2019.8
ISBN 978-7-5635-5832-2

Ⅰ.①表… Ⅱ.①那… Ⅲ.①汉语－语言表达－中等专业学校－教材 Ⅳ.①H193.2

中国版本图书馆 CIP 数据核字（2019）第 175565 号

书　　　名：	表达训练
主　　　编：	那　淼　刘芳红　鞠　萍　井丽莉
责 任 编 辑：	满志文
出 版 发 行：	北京邮电大学出版社
社　　　址：	北京市海淀区西土城路 10 号（邮编：100876）
发　行　部：	电话：010-62282185　传真：010-62283578
E-mail：	publish@bupt.edu.cn
经　　　销：	各地新华书店
印　　　刷：	北京玺诚印务有限公司
开　　　本：	787 mm×1 092 mm　1/16
印　　　张：	7
字　　　数：	167 千字
版　　　次：	2019 年 8 月第 1 版　2019 年 8 月第 1 次印刷

ISBN 978-7-5635-5832-2　　　　　　　　　　　　　　　　　　　定　价：19.80 元
・如有印装质量问题，请与北京邮电大学出版社发行部联系・

前　言

在新时代中国特色社会主义的今天，人与人之间的沟通与协作日趋广泛。一个人能不能准确地表达自己的思想和情感，不仅关系到能不能和他人和谐相处、密切合作，而且还影响到他的生活质量和工作状态。《战国策》中曾写道："一人之辩，重于九鼎之宝；三寸之舌，强于百万之师。"美国口才训练大师卡耐基强调："一个人的成功，有15%取决于人的技术知识，而85%取决于人类的工程——发表自己意见的能力和激发他人热忱的能力。"表达交流能力已经成为现代人的核心能力之一。

本书着眼于表达与沟通实际能力的培养，以学生在工作和生活中遇到的表达情境为学习任务，进行一体化设计。表达交流在工作和生活中无处不在，既有单向表达，又有双向沟通。本书按照从易到难的原则，主要引导学生进行单向表达训练。共设计了"认识表达""讲述一个故事""介绍一个人或物""表达一个观点"和"抒发一种情感"五个学习任务，每个学习任务分解为2~3个学习活动。本书既有学习活动设计，又有相应的知识技能要点阐述，注重过程性评价，对每个学习任务的评价都有详细、具体的评价表，力争把学生的表达能力和素养的提高落到实处。

编者经过大量的市场调查研究，结合多年的教学实践经验，编写了本书。本书可作为职业院校各专业特别是服务类专业学生表达训练的课程教学用书，也适用于同类社会化培训教学和有意于提升表达水平的学员自我训练使用。

欢迎各位专家、授课教师和广大学生对本书提出宝贵意见，以使本书更好地为学生表达沟通能力的提高服务。

编　者

目　　录

学习任务一　认识表达 1
 学习活动一　调整好你的表达心理 2
 学习活动二　用有声语言表情达意 8
 学习活动三　用态势语言表情达意 14

学习任务二　讲述一个故事 26
 学习活动一　概述情况 27
 学习活动二　详述事件 32

学习任务三　介绍一个人或物 39
 学习活动一　自我介绍 40
 学习活动二　介绍你喜欢的一道菜 49

学习任务四　表达一个观点 57
 学习活动一　说服他人 58
 学习活动二　拒绝别人 78

学习任务五　抒发一种情感 89
 学习活动一　赞美他人 90
 学习活动二　表达歉意 96

参考文献 103

学习任务一
认识表达

◆ 导　语 ◆

任务描述

什么是表达？表达就是说话。表达就是通过有声、态势等语言，向别人传达思想和情感。表达在我们的学习和工作中无处不在。正式场合的表达，我们称为"演讲""汇报""发言"等；休闲场合的表达，我们称为"闲聊""侃大山""吹牛"等。总而言之，表达是我们传递信息、交流感情的重要技能。本学习任务共有三个学习活动：调整好你的表达心理、用有声语言表情达意和用态势语言表情达意。

学生完成"认识表达"这个学习任务后，应该能够：
（1）能在公众场合自信地表达；
（2）能运用重音、停顿、语气、节奏等有声语言的表达技巧高效地表达自己的思想和情感；
（3）在表达中能正确运用目光语言、手势语言、站姿语言等态势语言表达自己的思想感情。

学习内容

（1）怎样自信地表达；

（2）重音、停顿、语气、节奏等有声语言的表达技巧；

（3）目光语言、手势语言、站姿语言等态势语言的运用。

学习活动一　调整好你的表达心理

一、学习引导

（一）热身活动

游戏：芝麻开门。

操作方法：全班学生依次数数（限定1～100之间），逢"5"用"芝麻"代替，逢"6"用"开门"代替，例如，遇到"56"用"芝麻开门"代替。出现错误者到台前唱歌、跳舞或者讲故事。

（二）谈谈感受

当众表达，你该怎么办？

在上面的"热身活动"中，出现错误的同学，需要到台前唱歌、跳舞、讲故事，他们的表现如何？请选择其中一两名同学进行分析，并说说如果需要你到台前来表演，你将如何表现？

_____
_____
_____
_____
_____

二、学习任务

(一) 发放任务书

请认真阅读任务书，了解任务要求和学习目标。

任务书

1. 任务名称

调整好你的表达心理。

2. 学习目标

能在大众面前自信地表达，不紧张、不焦虑。

3. 任务描述

小王是一个刚入职的新员工，在与全体员工的见面会上，领导要求他做一下自我介绍，跟大家说几句话。此时，小王的心理非常忐忑。假如，你就是小王，请把自己做自我介绍时的心理调整到最佳状态，自信地表达自己。

4. 任务要求

能在大众面前自信地表达，不过分焦虑。

5. 资源准备

(1) 鼓励学生用的小贴画；

(2) 学生展示的内容；

(3) 彩纸、油笔。

(二) 解读任务书并制定计划

(1) 根据学生的基础和主动性等因素把全班分为5~6个学习小组，确保每组5~6人，每组选出一名小组长和一名小组秘书。

(2) 组内展示，每位组员分享自己掌握的提高自信心的方法，并讲讲自己使用这些方法的心得。

(3) 每组选出代表展示所在组的方法，并讲讲与之相关的故事或心得。

(4) 师生共同总结提高自信心的方法。

(5) 无语练胆练习。

(6) 总结评价。

三、任务实施

(一) 组建团队

1. 时间

10分钟左右。

2. 步骤

(1) 各小组讨论，填写下表。

表达与沟通能力课程学习小组情况表

班级		组名	
组训			
组歌			
成员姓名		联系电话	
组长：			
秘书：			

小组标志

(2) 各组在组长的带领下团队合作，以自己的方式充分展示自己的团队。

(二) 探索与发现：怎样增强表达的自信心

(1) 课前搜集资料。

(2) 小组分享：以小组为单位，每位同学分享自己掌握的提高表达自信心的方法与心得。

(3) 班级分享：每组选出 1～2 名同学分享本组的表达方法与心得。

(4) 师生共同总结提高自信心的方法。

(三) 无语练胆练习

(1) 学生轮流昂首阔步走上讲台，然后微笑着目视最后一排同学而不讲话，让视线笼罩全场，使每位同学都感到被关注。

(2) 台下的同学微笑着盯住台上同学的面部，时间为 2 分钟或直到这名同学不感到紧张为止。

(四) 心理状态调整练习

(1) 游戏名称：心有灵犀。

(2) 游戏操作方法及要求：

① 全班分成 5～6 组，每组分成若干队，每队 2 人进行猜词，一个人比划另一个人猜。每组每队猜 5 个词条。

② 猜词条过程中,不允许说出词条中包含的任何字,否则词条作废。
③ 猜词最少的一组表演节目。

四、知识链接

(一) 自信的定义

1. 定义

美国著名心理学家、心理咨询师罗伯特·阿尔伯蒂博士和马歇尔·埃蒙斯博士在《应该这样表达你自己——自信和平等的沟通技巧》一书中对健康的自信所下的定义是:

自信的自我表达是一种直接、坚定、积极的——必要时需要坚持——意在促进人际关系平等的行为。自信使我们能够按照自己的最佳利益行事,维护自己的权利而不过度焦虑,行使自己的权利而不践踏他人的权利,并真诚、自在地表达自己的感受(如喜爱、爱情、友谊、失望、烦恼、愤怒、后悔、悲伤)。

2. 解读

(1) 自信是一种直接、坚定、积极的心理状态,真诚、自在、不焦虑、不愤怒。
(2) 行使自己的权利,并且不能践踏他人的权利。

(二) 自信行为、不自信行为和攻击行为的区分

不自信行为	攻击行为	自信行为
发送者	发送者	发送者
自我否定	损人利己	自我强化
受抑制	富于表现	富于表现
哀伤感、焦虑	控制别人	对自己很满意
允许别人替自己做选择	为别人做选择	为自己做选择
实现不了渴望的目标	通过伤害别人来实现渴望的目标	能实现渴望的目标
接受者	接受者	接受者
内疚或愤怒	自我否定	自我提高
轻视发送者	哀伤感、自卫、羞辱	富于表现
以牺牲发送者的利益为代价而实现自身渴望的目标	实现不了渴望的目标	能实现渴望的目标

（三）自信行为的构成要素

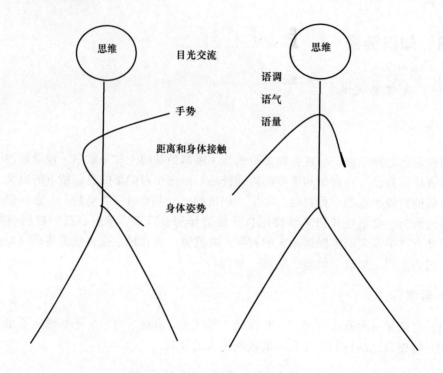

倾听……内容……流利程度……时机

（四）自信行为的11个关键特征

(1) 自我表达；

(2) 尊重他人的权利；

(3) 诚实；

(4) 坦率和坚定；

(5) 惠及人际关系双方的平等；

(6) 语言（包括信息的内容）和非语言（包括信息的形式）；

(7) 有时积极（表达情感、赞美和感激）和有时消极（表达限制、愤怒和批评）；

(8) 是否恰当要因人因事而定，不是一成不变的；

(9) 社会责任；

(10) 自信是学会的，不是天生的；

(11) 在不违背上面10个要点的基础上，尽量持之以恒地去实现自己的目标。

（五）让自己变得自信的 14 个方法

五、课堂延伸

（一）"皮格马利翁效应"训练："完美自我形象"心理塑造

想象自己是一个完美的理想人物，然后设想自己时时刻刻模仿这个榜样，以便在潜意识中留下深刻印象，影响自己的日常思维。具体方法如下所述。

（1）想象自己是一个完美的人物，他栩栩如生地站在你面前：他的面孔、发型和微笑的样子，他的身高、体态、举止，他讲话的速度、音质、手势等，越详细越逼真越好。

（2）想象这位理想人物的品质和能力。他道德高尚、举止优雅、才能超群，以及你希望得到的其他品质和能力。要通过具体的形象来设想理想人物的这种抽象的品质。

（3）想象自己在学习和模仿理想人物，并且很快获得了成功。模仿他的健康体魄，你也得到了健康；模仿他的优雅举止，你也学会了优雅；模仿他的经验和才能，你也具有了这些经验和才能；模仿他所具有的一切美好的品质，你也具有了那些品质……

注意："皮格马利翁效应"训练应根据个人的长期目标来进行，短期目标和短期训练往往不会显出效果。

（二）呼吸调节训练

1. 训练方法

（1）脚踩地，双臂自然下垂，闭合双眼，身体尽量松弛，直到感觉镇静为止。

(2) 呼吸放缓，静静感觉空气流动的微弱声音。

(3) 将注意力集中在呼吸上。吸气时，绷紧身体，从 1 数到 10，并在头脑中再现出数字；呼气时默念"放松"，并在头脑中再现"放松"一词。

2. 训练要求

(1) 呼吸调节训练主要用于调节心率过快和呼吸急促。

(2) 深呼吸时，尽量舒展胸腔，频率由快到慢，逐渐达到正常状态。

(3) 呼吸调节的频率要因人而异，心理调节进行良性循环时，深呼吸减少。

(4) 深呼吸时，要做到不仰脸、不抬肩。

（三）讲话训练

初级：练习者在镜前站立，想象着无数双眼睛正注视着自己。做好心理准备以后，即可进行讲话训练。这时的讲话，从内容到形式上，不给予任何规定和限制。练习者要随心所欲，讲自己最熟悉的话。

中级：练习者在课堂上寻找机会进行演练。这时的练习者虽然心理上已初步适应，但开口讲话还缺乏适应性锻炼，此时大脑或紧张或混沌一片，所以练习只要求自己能开口讲话，至于内容则非常随意。

高级：练习者在课堂上或大型聚会场合寻找机会进行演练。这时要求说话讲究章法，达到自己预期的效果。

学习活动二　用有声语言表情达意

一、学习引导

（一）热身活动

请学生把下面的材料编成小品表演出来，然后交流该材料所提出的问题。

他为什么答非所问？

赵大妈家的电视机坏了。她想起隔壁的高云是个电工，就去敲他的门："高云呀，你会不会修电视机？"

"我不会修电视机。"（重音放在"修"字）

"不会修，感情是装配过电视机……"

"我不会修电视机。"（重音放在"电视机"）

"我家收录机也坏了，帮我……"

"我不会修电视机。"（重音放在"我"字）

"你们玩电器的小哥们儿多，你帮我找一个……"

高云把门打开,急得直挠头,说:"大妈,你怎么总是听不懂我的话呢?"
赵大妈说:"我说,你怎么老是把话打岔了呢?"

(二) 谈谈感受

案例分享

怎样使用有声语言表情达意?

从前,波兰的一位女演员来到英国。朋友们请她和她的丈夫吃饭。饭前大家要求女演员表演节目。正在看菜单的女演员说没带剧本,只能用波兰语朗诵一段台词儿。她声情并茂地朗诵起来,虽然大家都不懂波兰语,但都被感动得流下了泪水。但女演员的丈夫却无动于衷,还忍不住要发笑,后来竟放声大笑。大家很诧异。他笑着说:"她刚才朗诵的是她手上的菜单啊!"原来感动大家的是女演员完全靠声音和气息传达的感情。请谈谈上述案例给你的启发。

_____
_____
_____
_____
_____

二、学习任务

(一) 发放任务书

请认真阅读任务书,了解任务要求和学习目标。

任务书

1. 任务名称
用有声语言表情达意。

2. 学习目标
能熟练、恰当地运用重音、停顿、语气、节奏等有声语言的表达技巧。

3. 任务描述
小王所在的公司系统要举办一个演讲比赛,领导要求小王代表他们单位参加比赛。小王的文采不错,但是语言的外在表现力不行,缺少抑扬顿挫。如果你是小王,你将怎样做?

4. 任务要求
(1) 通过讨论、练习,掌握重音、停顿、语气、节奏等有声语言的表达技巧;
(2) 运用上面的表达技巧进行演讲。

5. 资源准备

(1) 白纸、彩笔等文具；

(2) 奖励学生用的小贴画。

(二) 解读任务书并制定计划

(1) 根据学生的基础、学习主动性等因素把全班合理地分为5～6个学习小组，确保每组5～6人，每组选一名小组长和一名小组秘书。

(2) 以小组为单位表演展示，并总结出有声语言的表达技巧，然后师生共同总结。

(3) 演讲比赛。

(4) 总结评价。

三、任务实施

(一) 组建团队

1. 时间

10分钟左右。

2. 步骤

(1) 各小组讨论，填写下表。

表达与沟通能力课程学习小组情况表

班级		组名	
组训			
组歌			
	成员姓名		联系电话
组长:			
秘书:			

小组标志：

(2) 各组在组长的带领下团队合作，以自己的方式充分展示自己的团队。

（二）小组展示：有声语言的表达技巧

（1）以组为单位表演一个小品（原创或非原创皆可）或影视剧片段，时间为5分钟。并说说自己在表演的过程中是如何运用有声语言表达技巧的。

（2）组间互评。

（3）师生共评，并总结有声语言的表达技巧。

（三）扬声训练

（1）请学生分别上台进行气息、共鸣、吐字归音的训练，台下学生进行细致的观察并认真倾听。

（2）通过视频展现普通话测试的字词朗读内容。

（3）请同学们将两者进行比较，找出问题。

（4）教师做出小结，针对学生身上存在的问题进行指导，鼓励学生积极训练。

（四）抑扬顿挫训练

1. 热身准备

游戏：歌曲大联唱。

将学生分成两大组，展开对抗赛。演唱第一个字为"一到十"的歌曲，注意歌曲的起伏变化，两组轮流进行，哪组接不上来即为输。

2. 实地大演练

（1）播放精彩的朗诵、演讲视频，供学生学习、欣赏、品味。

（2）请学生分别上台针对教师提供的训练材料进行展示，台下学生认真倾听，看看其语气、节奏、重音及停顿技巧的运用情况如何。

（3）请同学们进行点评，找出其优缺点。

（4）教师做出小结，针对学生身上存在的问题进行指导，同学们随着教师的讲解进行校正练习。

（五）实力大比拼：朗诵技巧综合训练

举办一次诗歌朗诵会，学生自选一篇作品进行朗诵，要充分展示重音、停顿、语气、节奏等有声语言的外部技巧。台下的学生和教师根据评分标准分别给每位表演者打分，最后评出最佳表演者。

四、知识链接

（一）有声语言的外部技巧：重音、停顿、语气和节奏

1. 重音

（1）重音的类型：语法重音和强调重音。

语法重音一般体现在谓语、宾语、定语、状语、补语、疑问代词和指示代词上。例

如，朱自清先生在散文《春》里写道："山朗润起来了，水涨起来了，太阳的脸红起来了。"朗润、涨、红这三个谓语动词重读表达出了春天初至的自然特征和作者欣喜的心情；"打铁还需自身硬。"自身是宾语，它的重读表达了中国共产党从严治党的决心；习近平总书记在2017年10月向全世界深情告白，我们要把我们的国家建设得更加繁荣富强，繁荣富强是副词作状语，它的重读表达出了我们建设祖国的雄心壮志；谁在喊？谁是疑问代词，这一重音表达了说话者的疑问。

（2）重音的表达方法

重音的表达方法有重读、轻读、慢读和停顿等四种。例如，"撸起袖子加油干！"加油比别的音节音量更高、力度更大，这是重读的表现方法；"漓江的水真静啊，静得让你感觉不到它在流动；漓江的水真清啊，清得可以看见江底的沙石……"静、清是漓江水的特点，怎样凸显它们呢？轻读，如果重读，反而不利于突出漓江水清静的特点；"珠江三角洲怎么会在广西呢？""广西"就比别的音节慢，通过慢读来表达不解与疑问；"家乡的桥啊，我—梦中的—桥。"用停顿来表达我对家乡桥的怀念。

2. 停顿

有三种停顿：生理停顿、语法停顿和强调停顿。生理停顿是由于呼吸、换气所需进行的停顿，很简单，不要妨碍语意的表达就行了。关于语法停顿，则有一定规则：句号、问号、感叹号的停顿时间大于分号、冒号的停顿时间，分号、冒号的停顿时间大于逗号的停顿时间，逗号的停顿时间大于顿号的停顿时间。在我们的表达沟通中，最需要注意的是强调停顿。强调停顿是为了强调某一意思或抒发某种情感所作的停顿，不受语法停顿的限制，想强调什么，想突出什么，就在那里停顿。它要求声断意连，以达到"此时无声胜有声"的效果。比如，安徒生在《卖火柴的小女孩》中写道："第二天，这个小女孩**坐在**墙角里，两腮通红，嘴角**带着**微笑，她死了，在旧年的大年夜**冻**死了。"三处停顿，表达出对小女孩悲惨命运的深切同情和对不平等社会制度的无比愤怒。再比如徐志摩在《再别康桥》里写道：

"……

悄悄 是别离的笙箫

夏虫也为我沉默

沉默 是今晚的康桥"

停顿，把作者浓浓的不舍与留恋，无限的惆怅，表达得淋漓尽致。此时无声胜有声。

3. 语气

语气是在一定的思想感情支配下的具体语句的声音形式，它和情感情绪紧紧地联系在一起。同一个语句在不同的感情情绪支配下表现出来的声音形式和意思是不一样的，同样，不同的声音形式表达出来的情感情绪也是不一样的。所以，大家在表达沟通中，要注意语气的运用。同时，为了保证良好的沟通效果，也要注意酝酿好情感，调节好情绪。

4. 节奏

一个善于表达的人很注意说话的节奏。节奏是多种表达技巧的整体体现，由语速和语势组成,是由一定的思想感情的波澜起伏造成的抑扬顿挫、轻重缓急的声音形式的回环往复,它包含缓急、张弛、停连、起伏等要素。

说话的节奏一般是:浅显快于艰深;描述快于阐述;议论快于抒情;激烈快于轻松;欢愉快于忧伤;活泼快于持重……这些都是由表达的内容、语境和言语交际的目的决定的。

一般地,当爱意满满的时候,我们气徐声柔,比如你对爱人说:"亲爱的,我们出去走走吧。"当高兴的时候,我们气满声高,比如儿子考得很好,一边往家跑,一边举着卷子说:"妈妈,妈妈,我考了第一。"着急的时候则气短声促,比如在地震救援现场,救援者说:"快,快,担架,担架"。反之,在恨、悲、怒的时候则气促声硬、气沉声缓、气粗声重。

(二) 气息训练

"气乃生之源",充足、稳定的气息是发声的基础。气息的控制不仅直接影响声音的高低,还影响语势的强弱和情感的表达。气息是声音的原动力,只有运用科学的运气发声方法,才能使声音更甜美、清亮、持久。

1. 胸腹联合式呼吸法的要领

常用的呼吸方法有胸式呼吸、腹式呼吸和胸腹式联合式呼吸。胸式呼吸气息浅且容气量较少。腹式呼吸尽管比胸式呼吸气流强,但如果要在正式场合上讲一大段话时往往还是会感到气不够用。采用胸腹式联合呼吸法,可使全部呼吸器官协同运作,气的容量大,是比较理想的呼吸方法。

胸腹联合式呼吸是运用胸腔、横膈膜和腹部肌肉共同运动来实现的。其训练要领是:目光平视,双肩放松。吸气时,舌尖微抵上齿,用鼻腔将气流缓缓吸入肺的深部,两肋扩展,小腹自然内收,横膈膜收缩,后腰有一种胀满感,直到不能再吸为止,但不要耸肩挺胸。呼气时以慢呼为主,仍要收住小腹,两肋和胸腔基本保持吸气时的状态,在控制下逐渐松弛、缩小,直至气呼完。呼气时注意要均匀、平缓,在腹部肌肉和横膈膜的约束下,将气徐徐吐出。总之,吸气要吸得深,呼气要呼得有节制。在练习时可循序渐进,学会节约用气,要根据语句的需要控制吐气量。这种呼吸方法,胸腔容积大,控制力强,支持时间长,能够对呼气气势的强弱进行调节,使呼气均匀而有节奏。因而能够自如地控制声音的高、低、强、弱的变化,以适应讲话中各种发声运动的需要。同时,胸腹联合式呼吸还可减轻喉头发声的压力,不仅能发出柔美圆润的音色,还能使嗓音不易沙哑,不易因疲劳而失声。

2. 胸腹联合式呼吸法的训练方法

胸腹联合式呼吸法的理想状态是做到"吸气一大片,呼气一条线;气断情不断,声断意不断"。学习这种方法要注意三个步骤:吸——保持——呼。

(1) 缓吸缓呼法:将气息缓缓吸入,略停顿后,再缓缓呼出。呼气时好像吹蜡烛,双唇微拢,使呼出的气息形成均匀的气流。练习时注意不要有僵硬的感觉。

(2) 急吸缓呼法:急速吸气(好似吓一跳),略停顿后,缓缓呼出。

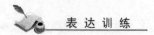

(3) 缓吸急呼法：缓缓吸入，略停顿后，急速呼出。

(4) 急吸急呼法：急速吸气、略停顿后，急速呼气。可利用鞠躬、下蹲等动作来进行练习。

（三）共鸣训练

共鸣是指人体器官因共振而发声的现象。每个人的声带所产生的音量很小，只占人们讲话时音量的5%左右，其他95%左右的音量，要通过共鸣腔放大得到。人们说话或演讲一般以口腔为主，以胸腔为基础，略带鼻腔共鸣。因此，想要声音动听持久，就需要改善共鸣条件。

1. 口腔共鸣训练

练习口腔共鸣，要将口腔充分打开，面部笑肌提起，下巴放松，面部表情呈微笑状，口腔壁的肌肉处于积极状态。将声音共鸣的位置放在口腔前方，轻缩小腹，发出的声音气流在口腔前部振动，产生共鸣。口腔共鸣发声最主要的一点，是发声的时候鼻咽要关闭，不产生鼻泄漏。

2. 鼻腔共鸣训练

鼻腔共鸣是通过软腭来实现的。发音时，软腭放松，鼻腔通路打开，口腔的某些部位关闭，气流将顺着鼻腔的通道往上走，使声音在鼻腔振动，产生共鸣。这样发出的声音清脆、有弹性。

3. 胸腔共鸣训练

胸腔的空间及共鸣大，发出的声音有深度和宽度，声音更浑厚宽广。练习胸腔共鸣发音时，首先全身放松，松弛发音器官，让声音在喉头和气管附近振动并往下走，传到胸腔，在胸腔产生共鸣。

学习活动三　用态势语言表情达意

一、学习引导

（一）谈谈感受

观看哑剧《吃鸡》，谈谈自己的感想。

（二）热身活动

扮表情：请学生扮演各种各样的表情。从"孩子要生了""是个儿子"到"儿子死了"，再到"又救活了""又死了"等多个假定的场景中，使情绪在期盼、惊喜、打击、狂喜、大悲等各种情绪中快速转换。

二、学习任务

（一）发放任务书

请认真阅读任务书，了解任务要求和学习目标。

任务书

1. 任务名称

用态势语言表情达意。

2. 学习目标

掌握目光语言与手势语言的种类和正确的站姿，理解各种目光语言与手势语言相应的活动区域及不正确站姿的消极意义，知道这三种态势语言的禁忌，能在各种场合正确、恰当地运用各种目光语、手势语和站姿语。

3. 任务描述

小王所在的公司系统要举办一个演讲比赛，领导要求小王代表他们单位参加比赛。小王之前在演讲的时候，面部表情和肢体语言总是很僵硬。如果你是小王，你将从哪些方面努力？

4. 任务要求

（1）认识手势语言；

（2）手势语言使用练习；

（3）手势语言班级赛，选出"手势语言之星"。

5. 资源准备

（1）白纸、彩笔等文具；

（2）奖励学生用的小贴画。

（二）解读任务书并制定计划

（1）根据学生的基础、学习主动性等因素把全班合理地分为 5～6 个学习小组，确保每组 5～6 人，每组选一名小组长和一名小组秘书。

（2）以小组为单位学习态势语言，并表演出来。

（3）态势语言练习。

（4）各组再次展示学习成果，选出"手势语之星"。

三、任务实施

（一）组建团队

1. 时间

10 分钟左右。

2. 步骤

（1）各小组讨论，填写下表。

表达与沟通能力课程学习小组情况表

班级		组名	
组训			
组歌			
	成员姓名		联系电话
组长：			
秘书：			

小组标志：

（2）各组在组长的带领下团队合作，以自己的方式充分展示自己的团队。

（二）小组学习

（1）以组为单位学习态势语言的种类和使用方法，并编一个使用态势语言的情景剧，在班级内表演出来；

（2）各位同学以散文、小说、小品等形式为依托，进行态势语言使用练习；

（3）师生共评，并总结态势语言的使用方法。

（三）选班级"态势语之星"

（1）请各组选出本组的"态势语之星"；

（2）请各组的"态势语之星"进行班级展示；

（3）师生共同投票，选出班级的"态势语之星"。

四、知识链接

（一）态势语言很重要

态势语言，是人们在社会交往中，以其姿态、表情和动作等来表达语义和传递信息的无声语言。人类学家霍尔曾经说过："一个成功的交际者，不但需要**理解**他人的有声语言，更重要的是要观察他人的**无声信号**，并且能在不同的场合**正确使用**这种信号。"

列宁就很善用态势语言。一提起他，人们也许立刻会想起他那个性化的体态动作——站在火车站旁边的装甲车上，站在会议大厅的讲台上，穿着短大衣，一手叉腰，身子前倾而头上仰，一手向空中用力挥动……一个手势，一个动作，立刻会引起雷鸣般的掌声和狂热的欢呼。

但是，由于敌人的暗害，精力充沛的列宁越来越衰弱了，失去了说话能力。一天，《真理报》报道了列宁接见工人代表并进行"亲切交谈"的消息：他"……坐在硬背圆椅上，轻轻地向坐在软垫圈上的来访者倾斜着身子，带着机智和友谊的微笑，开始亲切的谈话……"

人们奇怪，列宁怎么能说话了？其实他并没有恢复说话的能力。他完全是用体态在"说话"。他的手势、眼神、表情使他的表达仍是那么富有魅力，以至于有的工人代表没有觉察到，这时列宁已经是一个不能说话的人了。可见，态势语言的魅力有多大。

态势语言是人们德、识、才、学、情以及全部教养的综合显现，下面我们从目光语言、手势语言和站姿语言等方面来探讨。

（二）目光语言

眼睛是心灵的窗户，首先我们来学习目光语言。

1. 三种凝视与三种区域

在与人交往时，因场合、对象不同，目光的方向亦有所变化。一般分三种情况：公务注视、社交注视和亲密凝视。三种目光对应的区域分别是上三角区、中三角区和下三角区。

上三角区：就是以双眼为底线，上到前额的三角部分。谈公务时，如果我们注视对方这个部位，会显得严肃认真，对方也会感到你有诚意，容易把握谈话的主动权和控制权。

上三角区

中三角区：就是唇心到双眼之间的三角区域。在一般的交谈中，凝视这个部位，表示礼貌、尊重等，可以带来一种平等、轻松的感觉，从而营造一种良好的气氛。

中三角区

下三角区：是前胸至双眼的三角区域。把目光放在这一区域，可以增强彼此的亲密感。注视的对象是亲人、恋人等。

下三角区

2. 目光语禁忌

在使用目光语言时，有哪些禁忌呢？第一，在社交中，一般连续注视对方的时间最好在3秒内，应避免长时间地凝视、直视、斜视或上下打量对方，避免眼神躲闪、飘忽不定。第二，注视对方的下三角区，一般不适用于男性看女性。目光在对方身上任意地游离，属于不礼貌的行为。

3. 演讲中的目光语

在演讲中，我们应该如何运用目光语言呢？演讲中的目光语言，具有重要的表情、表意和控场作用，演讲者在台上需要不断地调整视线、变换眼神，综合运用各种方法，以满足表情达意的需要，下面介绍几种常用的目光语言。

第一种：前视法。前视，即向前看，以观众席中间部位为中心，视线平直向前流转，统摄全场，视线落在最后一排观众的头顶部位。前视时，目光应自然、亲切、专注，也要顾及偏僻角落的观众。

第二种：虚视法。虚视，即"心中有观众，眼中无观众"，虚视时，演讲者把观众作为一个整体，目光不聚集在某一点上，这样既可以克服紧张，又可以使演讲者把精力集中在演讲内容上，但它是一种转换性目光，不可常用。

第三种：点视法。就是有目的、有针对性地重点注视某一局部的观众，用于进行针对性、示意性的交流；对有疑问的观众，要投以启发性的目光；对偏离轨道的观众要投以引导性的目光；对犹豫不决、欲言又止的提问者要投以鼓励和赞许性的目光。

第四种：仰视法。演讲时，如表示尊敬、思索或回忆时，视线可以向上，以此增强演讲效果。

演讲中的目光语言应避免：目中无人，视线太低、太高或闪烁不定，单一运用某一种目光语言，视线的运用和有声语言、姿态手势配合不协调等。

（三）手势语言

手势语言分为四类：指示手势、象征手势、象形手势和情意手势。

（1）指示手势，就是指示具体对象的手势，特点是动作简单，表达专一，基本上不带感情色彩，直接指示要说的事物，例如，当我们把演讲内容归纳为一、二、三时，可以边讲边用右手扳着左手指，一个一个地数。

（2）象征手势，象征性手势语是用生动的手势表示约定俗成的抽象概念。比如说：你很棒！我们胜利了！

（3）象形手势，就是模拟物状，给观众一种形象感觉的手势，比如讲到"袖珍电子计算机只有这么大"，在说的同时用手比划一下，观众就可以知道它的大小了。

（4）情意手势，这种手势主要用于表达情感，如开心、愤怒、忧虑等。情意手势使情感表达得更真切、具体、形象，渲染作用很大。

下面，我们来了解一下手势的活动区域及意义。

根据手势活动的范围，手势动作分为三个区域：上区、中区和下区。肩部以上，称为上区，手势在这一区域活动，多表示积极、振奋、赞扬的含义。例如，让我们一起把祖国建设得更美好！这个手势，手臂就超过了肩部。

肩部至腹部，称为中区，手势在这一区域活动，多半是中性含义，表示平静、严肃、和气等，比如，演讲者自我介绍时，会轻触自己的胸口。

腰部以下，称为下区，在下区做手势，多表示否定、压抑等，比如，"在公共场所吵闹是不文明的""随地吐痰是可耻的行为"，表示这些内容的手势，就适用于下区。

下面我们来看一下，手势语言有哪些禁忌。

第一，在交往中，手势不宜过多，动作不宜过大，切勿"指手画脚"和"手舞足蹈"。

第二，打招呼、致意、告别、鼓掌，应该注意其力度的大小，速度的快慢，时间的长短，不可过度。

第三，在任何情况下，都不要用大拇指指自己的鼻尖，用手指指他人。

手势语言可以反映人的性格、修养，所以，我们要善于利用手势语言的表达技巧，帮助我们树立良好的个人形象，实现更好的人际沟通。

下面，我们来看看常用的手势及其含义。

（1）挥手。向两边挥手，高度不超过肩部，包括单挥手和双挥手。这种手势一般只起强调作用，可以调动现场的气氛，吸引听众，但并无特定的含义，如下图所示。

挥手

示例：道德是石，敲出星星（左手挥出）之火；道德是火，点燃希望（右手挥出）之灯；道德是灯，照亮（双手挥出）的路。

（2）合掌。双手手掌张开，向内聚拢，表示要合在一起的意思，可以用在形象比喻两个事物的合并、并拢、聚合等意思，引申意义为团结，要心往一处想，劲儿往一处使等，如下图所示。

合掌

示例：如果将两个方案合并（出手势）在一起的话，这项工作开展起来会顺利得多。

（3）摊手。双手向两边摊开，即手掌心向上，同时肩向上耸，这表示无能为力、力不从心、失望、歉意等，如下图所示。

摊手

示例：我非常同情你的遭遇，但对于这件事情，我的确无能为力（出手势）。

（4）引号。双手放在两耳边，食指和中指伸出，并反复弯曲两次，其他手指合拢。这一动作来自英语国家，表示双引号，把正在讲的词引起来，以表示"所谓的"，如下图所示。

引号

示例：她的确是一位好母亲，我是说那种（出手势）"好母亲"，把孩子完全隔绝在社会之外，事实上是害了孩子。

（5）压手。双手手掌展开，手背向上，整个手掌往下压。直接意义是压制、下降，引申含义是平复情绪、镇定等。但也可以用在指基础、基石等方面，如下图所示。

压手

示例：在胜利面前，保持一种平和（出手势）的心态是非常重要的。

（6）劈掌。单掌向前劈出。直接模仿动作为斩断，刀劈等，引申含义为果断和下决心，如下图所示。

劈掌

（7）握拳。单手或者双手握拳，直接模仿动作是要打架、要战斗。引申的含义是斗志、精神状态、信心等，如下图所示。

握拳

示例：虽然有很多人告诉我，世界上已经没有真正的爱情，不要相信他的话。可是，我宁愿相信（出手势）他是真心的。

（8）扣心。手扣在胸口。因为那是心脏的位置，此动作的含义一是表示正在讲的话代表演讲者自己的意思；二是表示诚心诚意；三是表示内心、心灵；如果配痛苦的表情，则表示痛心，如下图所示。

扣心

示例：我是（出手势）中国人民的儿子，我深深地爱着我的祖国和人民。

（9）推手。手掌向前，指尖向上，手臂向前推出。这一动作表示拒绝、否认、反对等含义，如下图所示。

推手

示例：让人民币升值，那是绝不可能的，我们不能（出手势）接受这样的条件。

（10）托手。拇指和食指相对张开，其余三指自然微曲、手掌向上，上臂与肩齐，小臂向上伸，手掌略超过头顶。这个动作的模仿形态是抬高、上举。引申的含义则表示祈愿、升华、强调、重视等，如下图所示。

托手

示例：如果一个人没有远大（出手势）的理想，那么他又怎么能够成为受人尊敬的人呢？

(11) 伸手。手向前伸出，方向略微向上，手指并齐，手掌伸直，表示引起一个新观点、请求、赞美、欢迎等意，如下图所示。

伸手

示例： 首先（出手势），我们会邀请各位参观我们的厂房。

（四）站姿语言

俗话说："站有站相，坐有坐相"，如果我们在与他人交往时，站无站相，弓腰驼背或双腿抖动，或懒洋洋地倚墙靠桌，会给人造成无修养的印象，自然会影响双方之间的沟通。

正确的基本站姿应该是：头正、肩平、身躯挺直、挺胸收腹、立腰提胯。男士站立时，双脚可呈"八"字形，两脚之间的距离约与肩同宽，双手搭在一起自然垂放于体前。

女士站立时，双脚可呈"V"字形或"丁"字形，脚尖展开呈 30°～60°夹角，双手自然交叉相握，大拇指内收，四指并拢，自然垂放于体前；还可以采用交流式站姿，一手握住另一手拇指，四指自然弯曲，手心向下，手腕立起，置于胃部，肘关节内收。

那么，在演讲时，我们一般用得最多的是前进式。前进式也是使用最灵活的姿势，右脚在前，左脚在后，前脚脚尖指向正前方或稍向外侧，两脚跟距离在 15 cm 左右，这种姿势重心没有固定，可以随着上身前倾与后移的变化而分别定在前脚与后脚上，另外，前进式能使手势动作灵活多变，表达出不同的情感。

站立时，有哪些站姿要尽量避免呢？双腿交叉站立，这种姿势会给人以不严肃的感觉；双手或单手叉腰，这种姿势常含有攻击性；双臂交叉抱于胸前，这种站姿含有消极、防御、抵抗之意；双手放在衣袋或裤袋之中，这种站姿会给人以不严肃或拘谨之感；身体抖晃、东歪西靠，这类站姿给人留下散漫、没教养的印象。

五、评价反馈

（一）360°评价

请学生个人、组长和教师分别打分，把分数填在相应的表格内。

学生课堂 360°评价表

姓名			时间	
评价内容	评价标准	评价主体	得分	备注
团队精神	每项满分 5 分,分为 5 个等级。其中 5 分为优秀,4 分为良好,3 分为合格,2 分为基本合格,1 分为不合格	自己		
课堂主动性		组员		
作品效果		组长		
纪律性		教师		
签名				

(二)感想与收获

本任务结束之时,请你对本任务的完成情况进行总结和反思,谈谈你的收获与感想,并写在下面的横线上。

学习任务二
讲述一个故事

◆ 导 语 ◆

 **任务描述**

讲述一件事情，就是讲故事。在我们的日常生活和工作中，通常需要讲讲当时的情况，有时需要详讲，有时需要略讲。当然，在书面表达中，写一部小说、写一篇记叙文、写一篇报道是讲故事；在我们的日常生活和工作中，讲述一件事情也是讲故事。

 **学习目标**

学生完成"讲述一个故事"这个学习任务后，应该能够：
能在大众面前根据不同情境的需要从一定的视角，条理清晰、详略得当、生动形象地讲述一件事情。

 **学习内容**

（1）讲故事的视角；
（2）完整地讲述一个故事；

（3）条理清晰地讲述一个故事；
（4）详略得当地讲述一个故事；
（5）生动形象地讲述一个故事。

学习活动一　概述情况

一、学习引导

（一）复习回顾

（1）朗诵一个作品（诗歌或散文），或做一个脱口秀节目，展示你的重音、停连、语气等语言的外部技巧。

（2）比一比：看谁展示的又多又好。

要求：展示你所掌握的体态语。

（二）谈谈感受

 案例分享

志愿者归来

小燕和小鑫是同班同学，两人都是踏实、乐于助人的人。但是他们的表达能力却不同。两人都积极参加了周末的志愿者活动，并且都得到了被服务单位的好评。周一到校以后小燕跟同学们聊起了志愿者活动的过程和感受，大家都围着她听，还不时从他们那里传出开心的笑声。而小鑫却不善言谈，独自一人冷冷清清的在一旁坐着。由于小燕经常把自己的志愿者活动讲给大家听，所以她的活力感染了很多同学。在她的带动下更多的同学加入了志愿者活动，同时也获得了更多的友谊。在第二学期的开学典礼上，她还光荣地代表志愿者发了言。后来不仅被评为"志愿者活动标兵"，还当上了学校宣传部的部长，获得了一等奖学金。而因为不善表达，小鑫却还是经常形单影只。对此，你有什么样的感想？

二、学习任务

(一) 发放任务书

请认真阅读任务书，了解任务要求和学习目标。

任务书

1. 任务名称

简单介绍一下当时的情况。

2. 学习目标

能从一定的视角，条理清晰、完整地讲述一件事情。

3. 任务描述

小长假结束了，上班第一天，领导在一次闲谈中问王小海假期是怎么过的。假如你是王小海，请你简单讲一下你最近的一个假期。

4. 任务要求

(1) 所讲故事的要求：

① 视角正确、条理清晰、讲述完整。

② 时间为1~2分钟。

(2) 每个同学至少讲一次。

5. 资源准备

(1) 方格纸、笔等文具；

(2) 关于讲故事的学习资料；

(3) 讲故事所用的顺序签和评分表。

(二) 解读任务并制定计划

(1) 根据学生的基础、学习主动性等因素把全班合理地分为5~6个学习小组，确保每组5~6人，每组选一名小组长和一名小组秘书。

(2) 组内讨论，总结出概述故事的方法，然后选一名代表在班内交流，最后师生共同总结出概述事件的方法。

(3) 组内讲故事实训：每位同学为本组的同学概述一下自己的假期，并相互打分。

(4) 各组选出1~2名学生进行班级内的讲故事练习。

(5) 总结评价。

三、任务实施

(一) 组建团队

1. 时间

10分钟左右。

2. 步骤

(1) 各小组讨论，填写下表。

表达与沟通能力课程学习小组情况表

班级			组名	
组训				
组歌				
	成员姓名		联系电话	
组长：				
秘书：				

小组标志：

(2) 各组在组长的带领下团队合作，以自己的方式充分展示自己的团队。

(二) 学习怎样叙事

谈论并回答以下几个问题。

(1) 讲故事的视角有哪些？

(2) 要叙述好一件事，需要交代清楚哪六个要素？

(3) 叙述一件事情，可以采用哪些顺序？

(三) 探讨当众讲故事的注意事项，创作《当众讲故事小贴士》。

 当众讲故事小贴士

（四）当众讲故事实训

(1) 发放当众讲故事评分表。
(2) 组内讲故事：每一位小组成员向全体组员讲一下发生在假期里的一件事。
(3) 小组成员互相评价并打分。
(4) 各位小组成员把自己的平均分填在下表相应的位置上。

"当众讲故事"评分表

讲述者姓名：_____

序号	内容	满分	评分标准	得分
1	礼 仪	10分	开头、结尾向观众问好，表达谢意，并鞠躬，每缺少一个内容扣2分	
2	整体形象	5分	着装整洁、端庄大方，举止自然得体	
3	主 题	5分	主题有价值，有意义	
4	肢体语言	10分	熟练、恰当地使用目光语、手势语、体态语	
5	视角恰当	15分	能用正确的视角（人称）讲故事	
6	条理清晰	20分	顺序恰当，条理清晰	
7	故事完整	10分	有开头、过程和结尾，故事完整	
8	语言表达	25分	语音规范，吐字清晰，声音洪亮圆润；语速恰当，语气、语调、音量、节奏张弛符合思想感情，表达准确、流畅、自然	

总分：

组长签名：

(5) 班级讲故事比赛：
① 各组选出一名代表作为班级讲故事比赛的评委，选出1~2名代表参加班级讲故事比赛；
② 进行比赛；
③ 教师点评。

四、知识链接

（一）叙事的六要素和顺序

最简单的叙述，即是对于故事的描述。在文学领域里，叙事指以记叙文、散文或诗的形式叙述一个真实的或虚构的事件，或者叙述一连串这样的事件。按照一定的次序讲述事件，即把相关事件在话语之中组织成一个前后连贯的事件系列。

1. 叙事的六要素

叙事的六要素有时间、地点、人物及事情的起因、经过、结果。

2. 叙事的顺序

叙事的顺序有顺叙、倒叙、插叙、补叙、分叙等。
（1）顺叙法

【特点】顺叙是按时间的先后顺序来叙述事情，这就跟事情发生发展的实际情况相一致，所以易于把文章写得条理清楚，脉络分明。运用顺叙，要注意剪裁得当，重点突出。否则，容易出现罗列现象，犯平铺直叙的毛病。

【作用】使人物、事件的叙述有头有尾、脉络清楚，有较强的时空层次性。

（2）倒叙法

【特点】倒叙并不是把整个事件都倒过来叙述，而是除了把某个部分提前外，其他仍是顺叙的方法。采用倒叙的情况一般有三种：一是为了表现文章中心思想的需要，把最能表现中心思想的部分提到前面，加以突出；二是为了使文章结构富于变化，避免平铺直叙；三是为了表现效果的需要，使文章曲折有致，造成悬念，引人入胜。倒叙时要交代清楚起点。倒叙与顺叙的转换处，要有明显的界限，还要有必要的文字过渡，做到自然衔接。特别要注意，不要无目的地颠来倒去，反反复复，使文章的眉目不清。

【作用】使文章曲折有致，造成悬念，引人入胜；增加叙事波澜；使文章结构富于变化，避免平铺直叙；增强文章的可读性和感染力。

（3）插叙法

【特点】插叙是为了表达文章中心的需要。有时是为了帮助读者了解故事情节的追叙；有时是对出场人物的情节作注释、说明。使用插叙一定要服从表达中心思想的需要，做到不节外生枝，不喧宾夺主。在插入叙述的时候，还要注意文章的过渡、照应和衔接，不能有断裂的痕迹。

【作用】帮助展开主要事件，或推动故事情节发展，或对主要人物的身份做简要介绍，或诠释某一细节；使文章波澜起伏，增大了文章容量，可读性增强。

（4）补叙法

【特点】补叙主要用于对上文的叙述补充说明，一般是片段性的、简要的，不具备完整的事件，也可以把解释或说明的文字放在前面，以引起下文。补叙的作用，一般不发展情节、事件，只对原来的叙述起丰富、补充作用。

【作用】对原来的叙述起丰富、补充作用；造成悬念，叙事波澜，深化主旨，造成强烈的艺术感染力。

（5）分叙法

分叙可以先叙一件，再叙另一件，也可以几件事情进行交叉叙述。采用分叙时要根据文章内容和表达中心思想的需要确立叙述的线索，还要交代清楚每一事件发生的地点和发展的时间。

3. 口语叙事的要求

第一，选准视角。视角即人称。人称有第一人称、第二人称和第三人称。

第二，线索的叙说要分明。叙说可以按照人物的经历、事件的进程，依时序叙述；或者按照事物的排列组合，依方位叙述；或者按照事物间的内在联系，依逻辑关系叙述。

第三，叙事要完整，事情的来龙去脉、前因后果都要交代清楚。不管是叙述简单的还是复杂的人和事，必须把时间、地点、人物、原因、经过、结果交代清楚，做到过程完整。这需要了解清楚对象外部的、内在的特征，把握事物之间的各种联系。

第四，详略得当，张弛有度。一切都以口语交际的目的、对象、环境为准；对重要细节、人物的行为举止、心理活动等做详细的描述，有时可以穿插表达一下自己的感受。

第五，语言简洁明快，适合口语表达的需要。

（二）叙事的角度

叙述视角也称叙述聚焦，是叙述语言中对故事内容进行观察和讲述的特定角度。同样的事件从不同的角度看就可能呈现不同的面貌，不同的人看也会有不同的意义。叙述视角通常是由叙述人称决定的，在口语表达中最常用的视角主要有全知视角和限制视角。

1. 全知视角

全知视角即用第三人称进行叙述。叙述者以局外人的口吻，叙述"他"或"他们"的事情。全知视角是最自由灵活的叙述角度，可以根据需要，随意转换时间和空间。

2. 限制视角

限制视角即用第一人称进行叙述，是以"我"或"我们"的视角来观察和感受，并以"我"或"我们"的口吻来叙述所见所闻、所思所感。这种叙述容易形成真实、亲切的格调，带有鲜明的主体特征和主观抒情意味。

学习活动二　详述事件

一、学习引导

（一）复习回顾

1. 任意选择下列一组词，按词语顺序连线，编写成一句话。

（1）被告　电视　银河　中国　　（2）塞北　计较　燃烧　鲁迅

（3）党员　大学　成功　宇宙　　（4）屋脊　战争　女人　戏剧

2. 训练要求

（1）展开联想，找出各词语的关联点。要求内容符合逻辑，语言通顺。

（2）口语表达中把握好语音语调，配合恰当的表情和手势语言。

二、学习任务

（一）发放任务书

请认真阅读任务书，了解任务要求和学习目标。

任务书

1. 任务名称

详述一件事情。

2. 学习目标

能从一定的视角，条理清晰、完整、详略得当、生动形象地讲述一件事情。

3. 任务描述

新学期伊始，在第一次班会课上，班主任请每位同学跟大家分享一下假期自己经历或了解的最有意义的一件事。假如你就是这个班上的学生，请你完成这个任务。

4. 任务要求

（1）所讲故事的要求：

① 视角正确、条理清晰、讲述完整、详略得当、生动形象。

② 灵活运用有声语言表达技巧，态势语言恰当、到位。

③ 时间为3分钟左右。

（2）每个同学至少讲一个故事。

5. 资源准备

（1）方格纸、笔等文具；

（2）关于讲故事的学习资料；

（3）讲故事所用的顺序签和评分表。

（二）解读任务并制定计划

（1）根据学生的基础、学习主动性等因素把全班合理地分为5~6个学习小组，确保每组5~6人，每组选一名小组长和一名小组秘书。

（2）组内讨论，总结出详讲故事的方法，然后选一名代表在班内交流，最后师生共同总结出概述事件的方法。

（3）组内讲故事实训：每位同学为本组的同学讲述假期的一件有意义的事，并相互打分。

（4）各组选出1~2名学生进行班级内的讲故事练习。

（5）总结评价。

三、任务实施

（一）组建团队

1. 时间

10 分钟左右。

2. 步骤

（1）各小组讨论，填写下表。

表达与沟通能力课程学习小组情况表

班级		组名	
组训			
组歌			
成员姓名		联系电话	
组长：			
秘书：			

小组标志：

（2）各组在组长的带领下团队合作，以自己的方式充分展示自己的团队。

（二）学习怎样叙事

谈论、并回答以下几个问题。

（1）要叙述好一件事，怎样才能做到详略得当？

（2）要叙述好一件事，怎样才能说的绘声绘色、生动形象？

（三）当众讲故事实训

（1）发放当众讲故事评分表。
（2）组内讲故事：每一位小组成员向全体组员讲发生在假期里的一件有意义的事。
（3）小组成员互相评价并打分。
（4）各位小组成员把自己的平均分填在下表相应的位置上。

"当众讲故事"评分表

讲述者姓名：_____

序号	内容	满分	评分标准	得分
1	礼仪	5分	开头、结尾向观众问好，表达谢意，并鞠躬，每缺少一个内容扣1分	
2	主题	5分	主题有价值，有意义	
3	有声语言	10分	语音规范，吐字清晰，声音洪亮圆润；语速恰当，语气、语调、音量、节奏张弛符合思想感情，表达准确、流畅、自然	
4	肢体语言	10分	熟练、恰当使用目光语、手势语、体态语	
5	生动形象	35分	能使用比喻、拟人、排比、夸张等修辞手法和形容词、副词、成语等技巧使语言生动形象	
6	条理清晰	15分	能使用恰当的顺序，做到条理清楚	
7	详略得当	15分	详略得当，中心思想突出	
8	整体形象	5分	着装整洁、端庄大方，举止自然得体	

总分：

组长签名：

（5）班级讲故事比赛：
① 各组选出一名代表作为班级讲故事比赛的评委，选出1~2名代表参加班级内讲故事比赛。
② 进行比赛。
③ 教师点评。

四、知识链接

（一）叙述详略

有时要叙述几件事、几个人物，这就要有主次之分了。一般最能说明观点、最能表现意图而且是最生动、最感人的人与事，才是主要叙述的对象，通常采用详述方式。其余的是次要的，采用概述的方式。概述、详述交叉运用。可以使叙述具有详略得宜、疾徐相当的效果，避免叙述中的"流水账"。

(1) 概述，是将事件的主要过程做本质、扼要的介绍，着眼于全貌，省略局部细节，是运用最广的一种叙述方式。

叙述应将时间、地点、人物、事件的起因、经过、结果等交代清楚，但不需要细节渲染，信息流动快，信息量大，给人轻松利落的感觉。

(2) 详述

详述是再现事件中的主要细节，使听众获得生动形象的叙述效果，是一种分主次、严加选择的介绍。这种叙述虽着眼于事态的全过程，却具有一定的形象感、画面感，甚至还有某种程度的渲染，因而进行近似描述。但描述更具体、更生动、更传神，更具有想象的空间。

(二) 详细叙事的概念和特点

详细叙事是以叙述和描写为基本表达方式，以客观事物的状况和发展变化、人物的活动过程和场面为主要对象，基本上不依赖视觉（完全或主要靠语音）的表述。讲故事的语言转化成文字，就是一篇口语化的记叙文。讲述故事主要使用生活语言。

(三) 基本类型及其要求

1. 叙述型

以叙述为主，以事物发展变化的经过或人物活动过程为主要内容的讲述，口头叙述的手法有概述和细述之分。概述即概括性地叙述，如一些影视片的简介、故事梗概；细述即具体叙述。细述的形象性强，往往具有描写的色彩。

叙述的要求：一是要交代清楚要素，要素不明则轮廓不清；二是线索的叙说要分明，线索不明则条理不清；三是要恰当处理细述与概述的关系，在重点和关键处，尽量突显对象的形象性和情意性。

2. 描述型

以描绘为主，以事物的情状（情形状况）或人物活动场面等为内容的讲述。描述的基本特点是形象性。描述的对象也可能具有某种过程性，但一般不太明显，或者它主要表现的是事物的情状而不是过程。

描述性讲述的要求，一要抓住重点，在重点处进行具体细致的刻画，不能平均分配精力；二要突出特征，画出神韵，力争把画面的生命力凸显出来。

训练自己的描述性语言能力，首先可以学习"展说"，或叫"展说显像"，就是根据仅有的少量语言或文字材料，运用丰富的想象，把未见未闻的事物描述得如同眼前发生的一般，这是创造性的描述，它以丰富的生活经验和知识积累为基础，从已有材料出发展开联想，带有虚构性的特点。

(四) 怎样使故事生动形象？

怎样使故事生动形象呢？主要做好细节讲解。

巧用修辞手法。常用的修辞手法有：比喻、夸张、拟人、排比等。

（1）**比喻**。比喻就是打比方，抓住事物相似的方面打比方。是用具体的、浅显的、熟悉的、形象鲜明的事物去说明或描写抽象的、深奥的事物，这样可以把事物的形象描写得更生动、具体。使人读后能感到亲切、明白、易懂，留下深刻印象。被比喻的事物称为"本体"，用来作比喻的事物称为"喻体"，"比喻词"（像、好像、仿佛等）。

① 明喻：甲（本体）像乙（喻体）。常用的比喻词有：像、仿佛、好像、好比、象……似的、如同……一般等。例如：

他哆嗦得像风雨中的树叶。

海燕像黑色的闪电，在高傲地飞翔。

② 暗喻：甲是乙或甲变成了乙。常用的比喻词有：是、变成、成为等。例如：

地中海沿岸成为西方文明的摇篮。

一个时代的优秀的文学作品，是这个时代的缩影，是这个时代的心声。

③ 借喻：不出现本体，也不出现比喻词，直接把本体说成喻体。例如：

我们之间已经隔了一层厚障壁了。

地上射起无数的箭头，房屋上落下万千条瀑布。

被比喻的事物和用来作比喻的事物必须是根本不同的两类事物，且必须在某一方面有非常相似的特点。

（2）**拟人**。拟人是借助想象力，把事物当作人来写，即赋予它们人的言行、思想、感情等。运用拟人的写法，把事物人格化，能使语言具体、形象、鲜明、生动，增强文章的语言表达力。拟人这种写法，把事物写得跟人一样有思想，有感情，能说话，能行动，简直和人一模一样。用描述人的词语来描写事物。

如：松影下开着各种小花，招来各色的小蝴蝶——它们很亲热地落在客人身上。

用人跟动物、植物对话的方式来描述事物。

如：他只顾跟牛说话，冷不防旁边一头驴伸过嘴来吃簸箕里的料。

完全把事物当成人来写。

如：在果园里，苹果树变得神气起来了。它想：既然把我从树林里移到果园来，说不定是罕见的树呢。它傲慢地看着四周一棵棵丑陋的小树桩……

（3）**夸张**。夸张对描写的事物有意识地加以夸大或缩小，以突出事物的特征，表达作者的感情，引起读者的联想，加深印象。夸张不等于说大话、说谎话。

举例：日理万机　日月如梭　三头六臂　怒发冲冠　一日千里　一字千金　百发百中　胆大包天　寸步难行　一步登天　一毛不拔　一尘不染

（4）**排比**。把三个或以上结构和长度均类似、语气一致、意义相关或相同的句子排列起来。

作用：加强语势、语言气氛，使文章的节奏感加强，条理性更好，更利于表达强烈的感情（表达效果）。

如：他们的品质是那样的纯洁和高尚，他们的意志是那样的坚韧和刚强，他们的气质是那样的淳朴和谦逊，他们的胸怀是那样的美丽和宽广。

五、评价反馈

(一) 360°评价

请学生个人、组长和教师分别打分,把分数填在相应的表格内。

学生课堂360°评价表

姓名			时间		
评价内容	评价标准	评价主体	得分	备注	
团队精神	每项满分5分,分为5个等级。其中5分为优秀,4分为良好,3分为合格,2分为基本合格,1分为不合格	自己			
课堂主动性		组员			
作品效果		组长			
纪律性		教师			
签名					

(二) 感想与收获

本任务结束之时,请你对本任务的完成情况进行总结和反思,谈谈你的收获与感想,写在下面的横线上。

_____
_____
_____
_____
_____
_____
_____
_____
_____

学习任务三
介绍一个人或物

◆ 导 语 ◆

 任务描述

介绍在人们的日常表达沟通中,是一个常见的内容。介绍自己、介绍他人在人际交往、在面试中很常见。在生活中,常常需要介绍一下自己的专业、自己的家乡、介绍一件物品等。

 **学习目标**

学生完成"介绍一个人或物"这个学习任务后,应该能够:
(1) 能在求职面试、学生会干部竞选、社交等场合大方、得体地做针对性强、优势突出、个性鲜明的自我介绍;
(2) 能抓住特征,按照一定顺序,逻辑清晰、准确简明地介绍人和事物。

 学习内容

(1) 不同情境中自我介绍的内容;
(2) 介绍事物的顺序;
(3) 介绍的方法。

学习活动一 自我介绍

一、学习引导

（一）活动热身

请几名学生描述一下班级里的老师或同学，大家猜猜他是谁。

（二）谈谈感受

案例分享

介绍一下你自己

马上要毕业了，小华为了找到一个好工作，在毕业前的那个学期想去一家企业实习。在面试的时候，考官要他用1分钟的时间介绍一下自己。他紧张了起来，因为他不知道怎样介绍自己。他说了自己的名字和学校以后，就开始结结巴巴、语无伦次。在介绍完自己后考官就让他回去等消息。结果他与这个机会失之交臂。看完这个案例以后，你有什么感想呢？

_____
_____
_____
_____

二、学习任务

（一）发放任务书

请认真阅读任务书，了解任务要求和学习目标。

任务书

1. 任务名称

自我介绍。

2. 学习目标

能说出求职面试、学生会干部竞选、社交等场合下自我介绍的内容，能在这些场合大方、得体地做针对性强、优势突出、个性鲜明的自我介绍。

3. 任务描述

学生会马上要竞选了，参加竞选的学生都需要做一份自我介绍。丽丽非常想参加。假如你是丽丽，请准备一份得体的自我介绍。

4. 任务要求

(1) 任务实施

① 探讨学生会干部竞选、求职面试、社交等场合下自我介绍的内容。

② 自我介绍练习。

③ 自我介绍运用。

(2) 自我介绍要求

① 针对性强、优势突出、个性鲜明。

② 时间为 1 分钟左右。

③ 在公开场合做自我介绍。

5. 资源准备

(1) 方格纸、笔等文具；

(2) 关于自我介绍的学习资料。

(二) 解读任务并制定计划

(1) 根据学生的基础、学习主动性等因素把全班合理地分为 5~6 个学习小组，确保每组 5~6 人，每组选一名小组长和一名小组秘书。

(2) 组内讨论，总结出不同场合自我介绍的内容，然后选一名代表在班内交流，最后师生共同总结出不同情境中自我介绍的内容。

(3) 学生 360°认识自我，通过反思和向他人（朋友、同学、老师、家长）求助，认识到自己的优点和缺点，明确自己的优势和特长。

(4) 讨论：不同场合自我介绍的注意事项是什么。

(5) 自我介绍练习：学生进行自我介绍组内练习。

(6) 各组选出 1~2 名学生进行班级内的自我介绍练习。

(7) 总结评价。

三、任务实施

(一) 组建团队

1. 时间

10 分钟左右。

2. 步骤

(1) 各小组讨论，填写下表。

表 达 训 练

表达与沟通能力课程学习小组情况表

班级		组名	
组训			
组歌			
	成员姓名		联系电话
组长：			
秘书：			

小组标志：

（2）各组在组长的带领下团队合作，以自己的方式充分展示自己的团队。

（二）探讨自我介绍的内容

谈论、并回答以下几个问题：求职面试、社交场合的自我介绍的内容有哪些？

1. 求职面试场合的自我介绍内容是：
_____
_____
_____

2. 社交场合的自我介绍内容是：
_____
_____
_____

（三）360°认识自我

1. 自我反思，寻找自己的优点、缺点和特长，填在下面的横线上。

（1）我的优点有：_____

（2）我的缺点有：_____

（3）我的特长有：_____
_____

2. 向周围人（朋友、同学、老师、家人）求助，看看他们眼中的你有哪些优缺点，更全面地认识自己。

别人眼中的我是：_____
_____
_____

3. 通过自我反思和向他人求助，相信你对自己已经有了全面的认识，把对自我的认识写下来。

（1）我是这样的人：_____
_____

（2）我的优点有：_____
_____

（3）我的兴趣、特长有：_____
_____

（4）我和别人相比，在找工作时我的优势是：_____
_____
_____

（四）针对求职面试或社交两个场合写一个自我介绍稿，并进行小组互评。

自我介绍稿

自我介绍稿件评分表

姓名：＿＿＿＿＿＿　　　　　　　　　　　　　　　　　　　　评分人：＿＿＿＿＿＿

序号	内容	分值	评分标准	同学1评分	同学2评分	平均分
1	优势突出	35分	优势突出，能体现出针对某一职位的自身优势			
2	针对性强	30分	针对某一职位而介绍，按针对性程度给分			
3	要素完备	20分	姓名、班级、优势、特长、未来打算等内容，缺1项扣2分			
4	语言流畅	10分	语言通顺、流畅，语句不通的根据数量和程度酌情扣分			
5	篇幅适中	5分	字数200～220字之间。每少或多5个字，扣1分，直到该项分扣完为止			
			总分：			
			组长签名：			

（五）自我介绍注意事项

（1）学生课前做自我介绍练习，并录制视频、上交。

（2）课堂上教师选择其中的5～6份自我介绍，供学生分析。以组为单位分析每个视频的优缺点，每组选代表进行班级分享。

（3）师生共同总结出自我介绍的注意事项。请把自我介绍的注意事项写在下面的横线上。

_____
_____
_____
_____
_____
_____
_____
_____

（六）自我介绍练习

（1）组内自我介绍练习。

要求：
① 针对一个特定情境做一个 1 分钟左右的自我介绍。
② 自我介绍要针对性强、优势突出。
（2）班级自我介绍。
（3）点评与打分。

组内"自我介绍"评分表

姓名：_____　　　　　　　　　　　　　　　　　　　　　评分人：_____

序号	内容	分值	评分标准	同学1评分	同学2评分	平均分
1	礼仪	10分	开头、结尾向观众问好，表达谢意，并鞠躬，每缺少一项扣2分			
2	仪容仪表	10分	妆容淡雅、着装正式、端庄大方			
3	针对性强	10分	能对某一职位做自我介绍			
4	优势突出	20分	优势突出，能充分说明自己的能力、优点和长处			
5	语言	20分	语言精练、流畅			
6	声音	10分	声音洪亮、抑扬顿挫、语速适中，富有表现力			
7	举止	10分	昂首挺胸、端庄大方			
8	态势语言	10分	手势得体、目光自然			

总分：

组长签名：

四、知识链接

（一）一分钟自我介绍

自我介绍，就是向公众或者特定对象介绍自己，使他们在最短的时间内了解自己，对自己产生好的印象并能接受自己。

一分钟自我介绍，关键要做到三点：第一，精神饱满，充满自信；第二，内容精要，针对性强；第三，表达流畅，层次分明。

假如我们以求职面试作为一分钟自我介绍的特定环境。首先要明确，你的听众是面试官，他们考查的重点是你的职业素质。因此这一分钟的自我介绍，犹如商品广告，要针对"客户"的需要，将自己最强势、最有特色的一面，鲜明地表现出来，不但要给对方留下深刻的印象，还要引起对方的"购买"欲望。

在内容上，要将重点放在你能做什么，能做到什么程度，能给用人单位带来什么价值等方面，并辅以实例来加以证明。接下来可以概括地介绍一下自己的职业背景、发展潜力、职业目标等。

做自我介绍，最忌用背书或朗诵的口吻。与此同时，身体语言也非常重要，尤其是与对方的眼神交流，包括手势和体态，要自然大方，切忌僵硬、做作或散漫。

（二）范例

台湾艺人凌峰的幽默自嘲

在下凌峰……这两年，大江南北走了一圈儿，男观众对我印象特别好，他们见到我觉得有优越感，因为本人这个样子对他们没有构成威胁，他们很放心（观众大笑）。

本人的脸长得很中国（笑声），中国五千年沧桑和苦难全写我的脸上了（笑声、掌声）。一般说来，女观众对我的印象不太好；有的女观众对我的长相已经到了忍无可忍的地步了（笑声）。她们认为，我是人比黄花瘦，脸比煤球黑（笑声）。但是我要特别声明，这绝不是本人的过错，实在是父母的错误，当初并没有征得我的同意就把我生成这个样子（笑声、掌声）。

但是，时代在变，潮流在变，现在的男人基本上可以分为三种：第一种，你看上去很帅气，看久了也就那么一回事，这就像我的好朋友刘文正这一种；第二种，你看上去很难看，看久了以后是越看越难看，这种就像我的好朋友陈佩斯这一种（笑声）；第三种，你看上去很难看，看久了以后你就会发现，他另有一种男人的味道，这就是在下我这种了（笑声、掌声）。

好，鼓掌的都表示同意了——鼓掌的都是长得和我差不多的（笑声），真是物以类聚、人以群分啊（大笑声、掌声）！

[简评] 凌峰趣说自己，追求现场"火爆"的喜剧效果，说得妙趣横生，又近乎油滑、格调不算高，但俗而不陋。体现出一种爽朗与智慧。凌峰的这段话前半部分是极尽自贬之能事，明显是故意编造男女观众对其"丑"的评价以自嘲，他以形象化的漫画语言描绘自己的老、瘦、黑，将自己长相的"丑"嘲讽得无以复加，包括对父母未征求他"同意"就把他生出来的"埋怨"，然后他以一个"突转"，节外生枝地提出所谓现代"男人分类"的"理论"，依据这个"理论"，他在嬉笑中"顺理成章"地既贬低别人又顺带地"美化"自己，最后竟将贬"波及"到为其鼓掌的观众——这是自嘲的大胆泛化，也使话语的结构跌宕起伏，巧妙地将全场"同化"于幽默的氛围之中。

自我介绍一

一、求职背景

面试地点：IBM 公司。

目标职位：技术支持工程师。

面试类型：一对一面试。

申请人概况：中山大学本科应届毕业生。

性别：女。

二、自我介绍

我叫赵婉君，您可能会联想起琼瑶小说，字的确就是那两个字，差别就是人没有那么漂亮。其实，我的同学更喜欢称呼我的英文名字，叫June，六月的意思，是君的谐音。

我来自广东的恩平市，可能您没有去过，是一个很小的县级市，这几年刚刚开发了温泉业，我想将来会有更多的人了解这个小城市。我是应届毕业生，在2003年我以恩平市全市第一名的成绩考上了中山大学。学的是计算机科学专业。不过，在中大，我没法再像高中一样总是名列前茅了，到目前为止，我的综合学分排名是前40%左右。在专业课程方面，我C++的编程能力比较强。一年以前就开始自学Java语言，在班级里是最早开始学Java语言的。我参与过老师领导的一个项目，叫做LAN聊天室，我负责开发了其中的即时通信系统。在我们班，老师只挑了我一个女生参与这个项目，主要是我写程序的效率比较高。态度也非常认真。

除了学习和项目实习以外，我在学生会工作了两年，第一年做干事，第二年被提升为秘书长。大家对我的评价是考虑问题很周全，令人放心。在我的求职清单上，IBM公司是我的首选单位，原因和您面试过的很多同学都一样，出于对大品牌的信赖。毕竟，大品牌公司意味着有很多我们需要的东西，比如培训和薪资，能和优秀的高素质的人在一起工作等。

技术支持工程师也刚好是我的首选职位，因为我有技术背景，也有作为女性和客户沟通的天然优势。还有，我不担心频繁出差，因为我身体素质很好，我已经坚持晨跑两年多了。在IBM专业技术方面，我信赖公司的培训体系和我自己的快速学习能力。希望能有机会加入IBM团队！

——摘自《这些道理没有人告诉过你》，杨苹先等著，群言出版社2007年版

[简评] 以上是位女生在求职中的自我介绍，该生在姓名的介绍上别出心裁，给人留下深刻的印象。同时，她以"身体素质很好""不担心频繁出差"等说明自己与该职位的匹配度很高，从而弥补了性别弱势。

自我介绍二

一、求职背景

面试地点：工商银行数据中心（珠海市）。

目标职位：程序员。

面试类型：一对一面试。

申请人概况：有三门课不及格历史的应届毕业生。

性别：男。

二、自我介绍

您好。我叫郭竞，竞赛的竞。我生在珠海、长在珠海，所以希望毕业后依然在珠海工作。作为一名应届毕业生，我认为自己在三个方面比较有优势。第一个优势是我的硬件和网络知识实践经验。我大一、大二的时候组织了一个校内计算机服务工作室，专门给同学们提供装机和网络维护服务。去年，我担任了一家小公司的兼职网络管理员，月薪500元。我对待工作非常负责，不亚于全职员工。有两次网络Down机，我连续24小时不睡觉，直到把问题解决。我认为我的第二个优势是编程能力比较强。在学校的模拟MIS项目中，我被批授任命为组长。我在金蝶公司工作过两个月，参与了一个50万元大项目的二次开发，编写教据库。第三个优势是我对IT技术非常狂热。我9岁的时候就有了自己的第一台电脑，初高中时期三次在珠海市中学生编程大赛中获奖，在大学我的计算机专业课成绩向来名列前茅。

非常遗憾的一点是，虽然我的计算机专业课成绩非常好，但是我曾经有三门非专业课考试不及格。究其原因，是我在大一、大二的时候完全按照自己的兴趣分配学习时间，我几乎把所有时间都给了计算机。回头看来，这是我大学生活最失败的地方。它已经给我带来了非常严重的后果，有一些企业一看到我有不及格的科目立刻把我的求职申请淘汰掉了。工商银行能够给我这次面试的机会，让我非常感动，也体会到我们人性化的招聘标准。所以，无论今天我是否能够面试成功，我都要先说一句。谢谢您给我这次面试机会！

——《这些道理没有人告诉过你》，杨萃先等著，群言出版社2007年版

[简评] 该男生着力表达了自己在计算机方面的优势，用自己的特长弥补三门课不及格的弱势。最后他检讨了三门课不及格的原因，态度真诚。

相声演员马三立趣说自己

我叫马三立，三立，站起来，被人打倒，立起来，又被人打倒，最后，又立起来——但愿不要再被打倒。我这个名字叫得不好，祸也因它，福也因它。

我今年85岁，体重86斤。明年我86岁，体重85斤。我很瘦，但没有病。从小到大，从大到小，体重没有超过100斤。

现在，我的脚往后踢，可以踢到自己的屁股蛋儿，还能做几个"下蹲"。向前弯腰，可以够着自己的脚。白发黑发各占一半。牙好，还能吃黄瓜、胡萝卜，别的老头儿老太太很羡慕我。

我们终于赶上了好年头。托共产党的福，托三中全会的福，我不说了，事情在那儿明摆着，会说的不如会看的。没有三中全会，我肯定还在北闸口农村劳动。

其实种田并不是坏事。只是我肩不能担，手不能提。生产队长说：马三立，拉车不行，割麦也不行，挖沟更不行。要不，你到场上去，帮帮妇女干点什么，轰轰鸡什么的……惨啦，连个妇女也不如。也别说，有时候也有点用。生产队开个大会，人总到不齐，队长在喇叭上宣布：今晚开大会，会前，由马三立说一段单口相声。立马，人就齐了。

[简评] 马三立趣说自己，堪称亦庄亦谐的语言精品。他说得诙谐而真诚：说自己的名字，将自己坎坷经历，风趣地包含在"三立"之中。然后几组跌宕反衬的语段先抑后扬，评述自己的"特点"：奇瘦却无病、85岁却"牙好"，能做几个其他老人羡慕的姿势动作而有点沾沾自喜……说到"好年头"用当时在农村受煎熬"妇女也不如"反衬"有时还有点儿用"，言语俏皮而又意味深长。一个人如果轻松有趣地说自己不堪回首的痛苦往事，让人忍俊不禁又觉着一丝悲凉，那是一种"冷幽默"。

（三）注意事项

礼节：上台之后鞠躬问好，结束之后鞠躬感谢。
仪容仪表：着正装，不可随便邋遢；淡妆，不可浓妆，不可不修边幅。
有声语言：声音洪亮，抑扬顿挫，语速适中。
态势语：昂首挺胸，手势大方、得体。
时间：1分钟左右。

学习活动二　介绍你喜欢的一道菜

一、学习引导

观看《舌尖上的中国》，谈谈你的感受。

二、学习任务

（一）发放任务书

请认真阅读任务书，了解任务要求和学习目标。

任务书

1. 任务名称

介绍你喜欢的一道菜。

2. 学习目标

能说出介绍事物的顺序和方法，能语言简明、条理清楚、要素全面地介绍一道菜。

3. 任务描述

你请同事去家里吃饭，同事对你做的一道菜赞不绝口，她希望你能给她介绍一下这道菜的做法，以便回家后自己做。请你向同事介绍一下这道菜的做法。

4. 任务要求

（1）向同事介绍你喜欢的任何一道菜。

（2）介绍的要求如下：

① 语言准确简明、条理清楚；

② 时间为3分钟左右。

5. 资源准备

（1）方格纸、笔等文具；

（2）介绍事物的学习资料。

（二）解读任务并制定计划

（1）根据学生的基础、学习主动性等因素把全班合理地分为5~6个学习小组，确保每组5~6人，每组选一名小组长和一名小组秘书。

（2）小组讨论，总结出介绍的语言特点、菜品介绍的方法和顺序，确定介绍的菜品，明确所介绍菜品的特点。

(3) 通过讨论，撰写并修改介绍稿。

(4) 组内介绍练习，并相互评价。

(5) 各组选出 1~2 名学生进行班级介绍。

(6) 总结评价。

三、任务实施

(一) 组建团队

1. 时间

10 分钟左右。

2. 步骤

(1) 各小组讨论，填写下表。

表达与沟通能力课程学习小组情况表

班级			组名	
组训				
组歌				
	成员姓名		联系电话	
组长：				
秘书：				

小组标志：

(2) 各组在组长的带领下团队合作，以自己的方式充分展示自己的团队。

(二) 探讨：怎样介绍一道菜

谈论、并回答以下几个问题。

1. 介绍的语言特点是什么?

2. 介绍的方法有哪些?

3. 介绍菜品的方法主要有哪些?

4. 介绍的顺序有哪些?

（三）组内讨论，确定自己所介绍的菜品是_____，明确我所介绍菜品的特点是_____。

（四）小组学习：撰写介绍稿。充分讨论并搜集整理资料、撰写菜品介绍稿，并修改，把修改后的稿件写在以下空格处。

菜品介绍稿

（五）菜品介绍练习

（1）组内介绍练习，并相互评价。
要求：
① 为他人介绍一道菜。
② 语言准确简明、条理清楚、要素全面。
③ 时间为3分钟左右。
（2）班级内菜品介绍。

(3) 评价与总结。

"介绍菜品"评分表

姓名：_____　　　　　　　　　　　　　　　　　　　　　　　评分：_____

序号	内容	分值	评分标准	得分
1	礼　仪	10分	开头、结尾问好，表达谢意，并鞠躬，每缺少一个内容扣3分	
2	准确简明	25分	语言准确、简明，不拖沓	
3	条理清楚	30分	能运用恰当的顺序介绍，条理清楚	
4	要素完备	25分	介绍要素完整、信息量大	
5	整体形象	10分	举止自然得体、着装整洁、端庄大方	

　　　　　　　　　　　　　　　　　　　　　　　　　　　总分：
　　　　　　　　　　　　　　　　　　　　　　　　　　　组长签名：

四、知识链接

（一）说明方法

说明方法主要有：举例子、做引用、做比较、列数字、分类别、打比方、摹状貌、下定义、做诠释、做图表、做假设等。下面分别加以说明。

1. 举例子——具体、明晰、真实

举出实际事例来说明事物，使所要说明的事物具体化，以便读者理解，这种说明方法称为举例子。运用举事例的说明方法说明事物或事理，一要注意例子的代表性，二要注意例子的适量性。

作用： 使文章表达的意思更明确，读者更能理解，具体地说明了说明对象的特点。

例句： 云能预示天气。比如，在新疆地区，出现云就代表将要下雨。——《看云识天气》（根据大的范围列举相应的例子）

举了具体的例子，真实具体有力地说明了……，使文章更具有说服力。

2. 做引用

为了使说明的内容更充实具体，更具说服力，可以引用一些文献资料、诗词、俗语、名人名言等。引资料的范围很广，可以是经典著作，名家名言，公式定律，典故谚语等。

作用： 使文章更具说服力。体现说明文语言的准确性。引用古诗：使说明文更具诗情画意。引用故事使文章具有趣味性。

例句： 唐朝的张嘉贞说它"制造奇特，人不知其所以为。"——《中国石拱桥》（可以增加文章的说服力）

用作引用的说明方法简洁，有力地说明事物的……特征。既增强了说服力，又增强了趣味性。

3. 做比较——鲜明、突出、具体

做比较是将两种类别相同或不同的事物、现象加以比较来说明事物特征的说明方法。说明某些抽象的或者是人们比较陌生的事物，可以用具体的或者大家已经熟悉的事物和它比较，使读者通过比较得到具体而鲜明的印象。事物的特征也往往在比较中呈现出来。在做比较的时候，可以是同类相比，也可以是异类相比，可以对事物进行"横比"，也可以对事物进行"纵比"。

作用：把……与……进行比较，突出强调了说明对象的特点。

例句：永定河发水时，来势很猛，以前两岸河堤常被冲毁，但是这座桥却从没出过事，足见它的坚固。——《中国石拱桥》（突出被说明对象的特点）

4. 列数字——准确、严谨、具体

为了使所要说明的事物具体化，还可以采用列数字的方法，以便读者理解。需要注意的是，引用较多的数字，一定要准确无误，不准确的数字绝对不能用，即使是估计的数字也要有可靠的根据，并力求近似。

作用：用列数字的方法进行说明，既能准确客观地反映事实情况，又有较强的说服力。更体现了说明文的准确性，准确地说明了说明对象的特点。

例句：赵州桥非常雄伟，全长50.82米，两端宽9.6米，中部略窄，宽9米。全桥只有一个大拱，长达37.4米……——《中国石拱桥》（体现准确性）

5. 分类别

说明事物的特征，往往从单方面不易说清楚，可以根据形状、性质、成因、功用等属性的异同，把事物分成若干类，然后依照类别逐一加以说明。这种说明方法，称为分类别。

作用：条理清晰，层次清晰，一目了然。清晰地说明了说明对象的特点，使文章更具有说服力。

例句：按屏的建造材料极其装饰的华丽程度，分为金屏、银屏、锦屏、画屏、石屏、木屏、竹屏等，因而在艺术上有雅俗之别，同时也显露了使用人不同的经济与文化水平。——《说"屏"》（使读者明白屏的种类）

6. 打比方——生动、形象、具体

利用两种不同事物之间的相似之处做比较，以突出事物的形状特点，增强说明形象性和生动性的说明方法称为打比方。

说明文中打比方的说明方法，同修辞格上的比喻还有联想是一致的。不同的是，比喻修辞有明喻、暗喻和借喻，而说明多用明喻和暗喻，借喻则不宜使用。

作用：把……比作……，生动形象地说明了说明对象的特点，使说明更通俗易懂。

例句：石拱桥的桥洞成弧形，就像虹。——《中国石拱桥》（可以使要说明的对象形象生动）

7. 摹状貌

为了使说明对象更形象、具体,可以进行状貌摹写。

作用:描摹了……的……特点,生动形象详细具体地说明了……,使被说明对象更准确、更详尽、更生动。

例句:这些石刻石狮子,有的母子相抱,有的交头接耳,有的像倾听水声,有的像注视行人,千态万状,惟妙惟肖。——《中国石拱桥》(使被说明的石狮子更具体,更形象)

8. 下定义

用简明的语言、科学的术语对某一概念的本质特征做规定性的说明称为下定义。下定义能准确揭示事物的本质。

作用:使人们在阅读时对抽象的字词能够更加明白、理解。

例句:统筹方法,是一种安排工作进程的数学方法。——《统筹方法》(能准确揭示事物的本质)

9. 做诠释

从一个侧面,在事物的某一个特点做些一般性的解释。

作用:使读者在阅读时对抽象的字词能够更加明白,更加理解。

例句:大拱的两肩上,各有两个小拱。这个创造性的设计,不但节约了石料,减轻了桥身的重量,而且在河水暴涨的时候,还可以增加桥洞的过水量,减轻洪水对桥身的冲击。同时,拱上加拱,桥身也更美观。——《中国石拱桥》(使读者明白这个设计的巧妙之处)

10. 做图表

为了把十分复杂的事物说清楚,就可以采用图表法,来弥补单用文字表达的缺欠,对某些事物解说更直接、了当。

作用:使人看了一目了然。条理清晰,直接地说明了说明对象的特点。

11. 做假设

做假设是用假设的想法表示出将来会出现的情况。

作用:用假设的环境来预设将来可能要出现的状况。

例句:我们只有一个地球,如果它被破坏了,我们就别无去处。

12. 引资料

引资料是在说明文字中通过引用一些固有的资料来说明事物特征。

作用:可以增加读者对文章的印象。

(二)说明顺序

所谓合理的说明顺序,是指能充分表现事物或事理本身特征的顺序,也是符合人们认识事物、事物规律的顺序。常见的说明顺序有:时间顺序、空间顺序、逻辑顺序等。

1. 时间顺序

即按照事理发展过程的先后来介绍某一事物的说明顺序。凡是事物的发展变化都离不开时间,如说明生产技术、产品制作、技术方法、历史发展、文字演变、人物成长、动植物生长等,都应以时间为序。比如中学课本中有一篇《景泰蓝的制作》,它就是按照景泰蓝的制作过程中"做胎—掐丝—烧制—点蓝—烧蓝—打磨—镀金"的时间顺序来说明的。

2. 空间顺序

即按照事物空间存在的方式,或从外到内,或从上到下,或从整体到局部来加以介绍,这种说明顺序有利于全面说明事物各方面的特征。一般说明某一静态实体(如建筑物等),常用这种顺序。如课本中的《核舟记》就是按照船体—船头—船尾—船背的空间顺序来写的;《故宫博物院》按照先总后分的顺序,先概括说明故宫建筑物的总体特征,然后再具体介绍太和门—太和殿—中和殿—保和殿—乾清宫……御花园,而在介绍每一座建筑物的时候,则又按照先外后内、先上后下的顺序。这样安排合乎人们观察事物的习惯,是最合理的顺序。

3. 逻辑顺序

即按照事物、事理的内在逻辑关系,或由个别到一般,或由具体到抽象,或由主要到次要,或由现象到本质,或由原因到结果,递进,或由概括到具体,或由特点到用途,或由整体到局部一一介绍说明。不管是实体的事物,如山川、江河、花草、树木、器物等,还是抽象的事理,如思想、观点、概念、原理、技术等,都适用于以逻辑顺序来说明。如课本中的《死海不死》《向沙漠进军》,都是运用逻辑顺序来说明事物的。凡是阐述事物、事理间的各种因果关系或其他逻辑关系,按逻辑顺序写作最为适宜。

五、评价反馈

(一)360°评价

请学生个人、组长和教师分别打分,把分数填在相应的表格内。

学生课堂360°评价表

姓名			时间		
评价内容	评价标准	评价主体	得分	备注	
团队精神	每项满分5分,分为5个等级。其中5分为优秀,4分为良好,3分为合格,2分为基本合格,1分为不合格	自己			
课堂主动性		组员			
作品效果		组长			
纪律性		教师			
签名					

（二）感想与收获

本任务结束之时，请你对本任务的完成情况进行总结和反思，谈谈你的收获与感想，并写在下面的横线上。

_____
_____
_____
_____
_____
_____
_____
_____

学习任务四
表达一个观点

◆ 导 语 ◆

 任务描述

表达观点即申明某种主张,对应的文体是议论文。在生活和工作中,表达一个观点常常表现为:说出自己的某种想法,提出某种建议,说服对方,拒绝别人等。本学习任务包括说服他人和拒绝他人两个学习活动。

 学习目标

学生完成"表达一个观点"这个学习任务后,应该能够:
(1) 能对症下药,在针对对方的心理和其他实际情况,采用合适的方法,有效说服对方;
(2) 能使用拒绝的技巧和得体的方法,巧妙拒绝别人。

 学习内容

(1) 影响说服的心理因素;

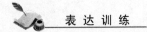 表达训练

(2) 说服的基本要求和注意事项;
(3) 说服的常用方法和技巧;
(4) 拒绝他人的技巧;
(5) 拒绝的基本原则、方法和技巧。

学习活动一　说服他人

一、学习引导

(一) 活动热身

(1) 活动名称:热力大讲堂。
(2) 活动内容:请若干学生针对某一个问题进行演讲,获得掌声最热烈的学生将得到教师的礼物。
(3) 活动要求:
① 主题自拟,积极向上;
② 演讲时间为2分钟。

(二) 谈谈感想

 案例分享

本剧院只照顾年老的女士

19世纪的维也纳,上层妇女喜欢戴一种高筒宽檐帽。她们进剧院看戏,仍然戴着帽子,挡住了后排人的视线,对剧院要求女客脱帽的规定她们不予理睬。最后经理想出了一个好主意。他站在台上说:"女士们请注意,本剧院要求观众脱帽看戏。但是,年老一些的女士,请听清楚——年老一些的女士,可以不必脱帽。"此话一出,全场的女性全部自觉把帽子脱了下来;谁愿意承认自己年老呀!请问:经理是如何说服女士们脱掉挡住别人视线的帽子的?你受到了什么启发?

_____
_____
_____
_____

二、学习任务

（一）发放任务书

请认真阅读任务书，了解任务要求和学习目标。

任务书

1. 任务名称

请他不再吸烟。

2. 学习目标

（1）能在劝说别人的时候，分析对方心理，考虑到对方的需求，照顾到对方感受；

（2）能对症下药，使用恰当的劝说方法和技巧，成功地说服别人。

3. 任务描述

你和要好的同事约好去一家心仪已久的餐厅，以此来调节一下紧绷几周的神经。这是一家无烟餐厅，环境优雅怡人。你带着愉悦的心情落座，满满的一桌子你喜欢吃的菜都已上齐。正当你想尽情享受着盼望已久的晚餐时，一阵烟雾飘来，呛得你直咳嗽。你左前方桌子上的客人在吸烟，而他旁边的墙壁上赫然写着"禁止吸烟（No Smoking）"的字样。而你正好对烟味过敏。你怎样劝说这位客人不吸烟？

4. 任务要求

（1）以组为单位，每组3人，轮流扮演说服者、吸烟者和顾客。

（2）每组上交一个说服效果最好的视频，并进行讲解。"顾客"谈谈本组所用的说服方法和技巧，"吸烟者"谈谈收获。

5. 资源准备

（1）方格纸、笔等文具；

（2）关于说服的学习资料。

（二）解读任务书并制定计划

（1）解读任务书。

（2）制定计划。

① 分组：学生自由结组，3人一组。

② "理论加油站"：以小组为单位，搜集、整理、加工并分享资料，做好说服的理论和方法技巧准备。

③ 说服方案细整理：以小组为单位，整理说服"吸烟者"的方案。

④ 说服练习：以小组为单位，轮流扮演"劝说者""吸烟者"和"顾客"，并进行班级展示。

⑤ 点评与总结。

三、任务实施

(一) 组建团队

1. 时间

5 分钟左右。

2. 要求

自由结组，课代表协调，教师指导。

(二) 理论加油站

请以小组为单位，广泛搜集、整理、加工资料，在此基础上完成以下任务。

1. 讨论并分享：说服的本质是什么？

_____

2. 卡片小制作：说服的基本要求与注意事项有哪些？请在交流分享的基础上，制作"说服小提醒"卡片，并进行班级展示。

3. 本事大比拼：看看谁说出的方法技巧多。在班级范围内分享自己掌握的方法和技巧。要求：

(1) 交流的时候不看任何资料。

(2) 对所分享的方法和技巧做解释。

(3) 选出方法和技巧分享的最多的同学，并进行奖励。

(4) 把自己所知道的说服方法和技巧写在下面的横线上。

① 说服的方法是：_____

_____

_____

② 说服的技巧是：_____

_____

_____

(三) 教学示例精分析

以小组为单位分析知识链接中的"教学示例"，然后抽签分享你对教学事例的理解。要求：

(1) 先组内讨论，然后班级分享。
(2) 按照抽签，每组分享一个教学事例的理解。
(3) 分享的内容包括：本示例针对对方的什么心理？用了什么说服方法或技巧？

（四）说服方案细整理

根据所学知识，以小组为单位，设计说服"吸烟者"不再吸烟的方案。把方案整理好后，写在下面的横线上。

👉 说服方案

_____
_____
_____
_____
_____
_____
_____
_____

（五）"说服吸烟者"勤操练

(1) 组内"说服吸烟者"练习。
要求：
① 三位同学轮流当说服者。每次说服完以后"吸烟者"要谈谈自己的感受。
② 注意：关注被说服者的需求和感受。使用合适的方法和技巧。
(2) 班级内说服。请3～4组进行班级内说服练习，师生点评。
(3) 学生录制说服视频并上交，教师打分评价。

"说服吸烟者"评分表

姓名：_____   评分：_____

序号	内容	分值	评分标准	得分
1	尊重对方	25分	能尊重对方的需求，顾及对方的感受	
2	方法恰当	25分	能对症下药，针对对方的情况采用合适的方法	
3	艺术性强	25分	善于使用有声和非有声语言，表达很容易使人接受	
4	效果突出	25分	转化效果好，对方乐于改变	

总分：_____
组长签名：_____

四、知识链接

(一) 影响说服的心理因素

说服是使对象改变某个主意或某个行动的行为。心理转化是人与人相互影响的最重要最基本的活动。要成功说服对方，就要了解对方的心理因素。

1. 对方的需求

每个人无时无刻都有着自我的需求，人要生存，他的需要能够影响他的行为。美国心理学家马斯洛把人的需求分为：

生理需求、安全需求、社会需求、尊重需求和自我实现需求五类。马斯洛认为这五种需求依次由较低层次到较高层次排列。认为总是在满足了较低层次的需求以后才产生更高层次的需求。同一时期，一个人可能有几种需要，但每一时期总有一种需要占支配地位，对行为起决定作用。任何一种需要都不会因为更高层次需要的发展而消失。各层次的需要相互依赖和重叠，高层次的需要发展后，低层次的需要仍然存在，只是对行为影响的程度大大减小。

要想说服人，就要关注他的需要、尊重他的需要，这就建立了说服人的情感根基，增强了说服的科学性。

2. 态度的影响

人的态度由认知、情感、行为习惯三种因素构成。

(1) 认知水平。认知是人脑对客观事物的反映。人是理智的动物，认知水平的影响就是人的理智的影响，故认知是影响心理转化的最基本的因素。在对与转化相关的人、事、物理的认知上，双方越接近越利于转化，否则越不利于转化。

(2) 情感倾向。情感是基于需要和认知而产生的对人、事、物的态度倾向，包括情境性的、较暂时的情绪（心境）和社会性的、较稳定的感情（道德感、理智感、光荣感、成就感等）。开展转化工作时对象的情绪（喜、怒、哀、忧、欲、恐、恶等）状态，对象与主体的情感联系，对象对与转化相关的人、事、物、理的感情体验，对心理转化工作都有着极大的影响。

(3) 行为倾向。即习惯，它是由于多次重复或练习而巩固下来的并变成了需要的行为方式。如果某种行为是习惯性的，那么，对象在道理上通了，在感情上接受了还不能止步，还必须使对象改变习惯。所以，行为倾向对转化有着非常顽固的影响。

3. 常见的心理障碍

(1) 过分自尊。自傲、自视清高、嫉妒心、虚荣心等。

(2) 过分自信。自负、自大、自以为是、自作聪明等。

(3) 防卫过敏。揣测、疑惧、封闭、抵抗等。

(4) 逆反心理。反感、抵触、抗拒、攻击等。

（二）教学示例

教学示例（一）

刘吉任无锡市某厂常委书记时，与全厂有名的后进青年小唐进行了一次交谈。

刘：小唐，你好！

唐：不敢说好，众所周知，我不好。

（刘吉平静地让小唐分析下自己为什么月收入都比人家少的原因）

唐：因为我是全厂有名的坏蛋！

刘：你一不偷，二不抢，怎么会是坏人呢？

唐：有人说我不可救药嘛！

刘：这种说法是错误的。你不是坏人，说你不可教药，不仅否定了你，也否定了教育者自己。

唐：哈哈，我和你所见略同。

刘：我听说你曾经救过人？

唐：那是过去，好汉不提当年勇。

刘：你有志气，过去，你曾经是个好汉，可如今呢，你骂人、打架、恐吓人、逞英雄，干的是蠢事。

（小唐认真地听着）

刘：什么是真善美，什么是假丑恶，你还良莠不分……孔子说三十而立，你今年整整30岁了，也该立了。

唐：（激动地站起来，对刘吉的肩胛推了一下）够朋友！

（刘伯奎《口语交际策略》）

教学示例（二）

1999年秋，父母把我送来学校，办完入学手续，就回家了。第二天，我感冒了，从来没离开过家，没离开过父母，特别想爸妈，我躺在床上，不吃药，也不吃饭，同学们怎么劝也没用。班主任王老师走进来，看着我笑，帮我擦眼泪，说："小妹子（小女孩）嘛，哭不算缺点。"又哄我吃药，"听话，把药吃了"，端来开水喂我，让同学打来冷水，为我擦脸、擦手，热后敷额。又为我披好被子，陪我说话。

王老师："小感冒，不要紧的。"我没吭声。

王老师："想爸爸妈妈，是不是？"我点头，眼泪流了下来。

王老师："你爸妈都有事，不能陪着你。"

（熊文辉口述）

教学示例（三）

毛委员在红军队伍前面走过来走过去，边讲边抽烟，说："工农兵弟兄三个，工人是大哥，农民是二哥，兵士是三哥。工农兵占中国总人口的百分之八十五以上。地主资本家是少数,军阀也是少数。"说到这里,他问大家:"多数人打少数人,谁能打得赢啊?"我们大声回答:"多数人打得赢!"毛委员高兴地说:"当然是多数人打得赢。"又伸出右手的三个指头说:"三个人打一个人,谁能打得赢?当然是三个人打得赢。所以工农兵联合起来,打遍天下。"这是我第一次聆听毛主席的讲话,他平易近人,充满革命乐观主义,用生动形象的比喻讲深刻的道理,我一辈子也忘不了。

(李聚奎《深切怀念伟大领袖毛泽东》)

教学示例(四)

那天黄继光的老妈妈也来了(北京饭店举行盛大舞会,好像是欢迎志愿军英雄),大家围着她问寒问暖,谁知道,越安慰越糟,勾起了老妈妈思子之情,当场落下泪来。周总理赶快跑过来解围,他把大家扒拉开,拉着老太太的手,亲亲她的脸,轻轻地为她用手擦去脸上的泪,对大家大声说:"不说啦,不说啦,跳舞!跳舞!"然后,双手拉着老妈妈的手,慢慢地在舞池里"走"了一圈。远远地看去,老妈妈脸上已经有了笑的模样,我自己却看模糊了双眼。

(胡絜青《人生知己周恩来》)

教学示例(五)

后来周泰又随从孙氏兄弟讨伐黄祖,与周瑜、程普在赤壁共阻曹操,屡立战功,遂被拜为平虏将军。时周泰的部将朱然、徐盛等人,认为周泰不过是一介武夫,只是不怕死而已,心中并不服气。孙权知道后,特地赶到周泰驻地濡须坞。与诸将宴饮之际,孙权走到周泰身边,让周泰把衣服解开,孙权以手一一指点周泰身上的伤口,每指一处,便问及受伤之原因,周泰一一予以回答。孙权见周泰遍体鳞伤,不由得抚其臂膀,痛哭流涕地说:"幼平,你为了我们兄弟而拼死作战,奋不顾身,被创达数十处,我今后一定会待你以骨肉之情,委你以重任。你是我孙吴的功臣,我将和你同荣辱,共患难。"周泰的部将见此情景,方始心服。

(李学勤《中华姓氏谱——周》)

教学示例(六)

小陈和小杨是某学校新来的年轻教师,小陈心眼细,考虑事情周到,小杨性情有些鲁莽,但业务能力较强。一次,两个年轻人发生了争执,小陈说不过小杨,感觉很委屈,跑到校长处诉苦。校长拍拍小陈肩膀说:"小陈啊,你脾气好,办事周到,这个大家都清楚,也都很欣赏,小杨天生是个躁性子,牛脾气一上来什么都忘了,等脾气过去了就天下太平了。你是一个细心人,懂得从团结同事、搞好工作的角度看待问题,你怎么能跟他那爆性子的人一般见识呢?"一番话说得小陈脸红了起来。

(班随叶《领导场景语言艺术》)

教学示例（七）

我打工时认识一个小女孩，相处不久我就来学校读书了。前不久，她给我打来电话，说："俊姐，我很难受。女孩子长得丑真是悲哀。我很自卑，身边好像有一堵墙。俊姐，我该怎么办？"

我说："我也很丑，但我活得很开心，丑人做事不会考虑走捷径，可以专心去做一件事，因此成功率会更高会更有成就。还有，'自古红颜多薄命，漂亮的女孩子麻烦多，很难平平安安；我们可能是丑一点，可能没有那么多的激情，但我们可能更加平安。不是说'平安便是福'吗，也许我们是更幸福的。"

她又说："我也曾这样想过，但就是做不到呀，我该怎么办哪？"

我想了一下，又说："其实漂亮不漂亮是相对的，我看你就比我漂亮，再说，人美不美主要在性格、心灵，外表上差一点，人品好，还是有很多人青睐的。不是说'人是因为可爱而美丽，不是因为美丽而可爱'吗。人活着就要开开心心，为什么总要去想那些不开心的事呢，不开心就能改变现实吗？自我感觉好，人就会有活力，就会容光焕发，就会显得美丽可爱；整天不开心，那真是要丑死了。"

她好一会儿没说话，然后说："俊姐，我试试看。"

（王文俊口述）

教学示例（八）

某男同学骑自行车不小心摔了一跤，上医院花了700多元钱，脸上还留下了几道细细的疤痕，因此天天闷闷不乐。我知道他的心思，对他说："700元钱算得了什么，要是摔坏了脑袋就惨了。"他说："那是，算是万幸。"但还是高兴不起来。我又说："你细皮嫩肉的，像个女孩子，现在多了几条细纹，粗犷多了。"他说："是吗？"脸上泛起了笑容。

（冯艳口述）

教学示例（九）

我爸爸烟瘾很重，可我讨厌那股烟味，就劝爸爸不要吸烟，爸爸说："大人的事小孩子不要管。"我对此很是苦恼。

晚上临睡前听广播，广播里介绍如何让抽烟的人戒烟，我得到了启发。第二天，我主动跑到爸爸跟前，对爸爸说："爸爸，我帮你点烟吧。"爸爸很高兴，把烟给了我，我接过烟，把它点燃。然后，从口袋里拿出一张白纸，用烟去熏它。被熏的地方很快就变黑了。我看着爸爸说："这就是你的肺，你再抽烟，你的肺就会像这张纸一样。"爸爸目瞪口呆地望着我。

以后爸爸就很少抽烟了，不久后就戒烟了。

（李倩口述）

教学示例（十）

我打工的时候，结拜了一个妹妹。

一次她对我说："我的家比任何一个家都冷，我从小就没体验过父爱、母爱。四岁时，父母就把我扔在奶奶家，自己在外面赚钱。对于他们，我一点感觉也没有。我哥也是这样，连爸妈都不想叫。后来他们在城里买了房子，把我们接过去，可我们没感情，不叫。"

我听了很难受，说："你父母真可怜！想尽法子为你们好，到头来却让你们恨，真不值！是吧？"

她说："赚那么多钱有什么用？……我们从小就没得到父母多少关爱。"

我很气，但平静地说："是啊，你爸妈确实不对！赚那么多钱干嘛呢？又不能带到地下去。儿女才重要，为什么不守着他们呢？你以后有了小孩，千万不要去赚钱，再穷也要跟孩子在一起，活不下去也没关系，总比让你自己的孩子恨一辈子强啊！"

她愣了一下，说："大姐，真要谢谢你，今晚我就打个电话回家去。"

教学示例（十一）

暑假，表妹来我家住。一天，我让她做作业。她不愿意。

我说："我告诉你妈妈。"

表妹说："我才不怕我妈妈呢！"

我又说："做完了作业我带你去玩好吗？"

她说："我不出去玩。"

"那我给你买好吃的。"

"我不要吃的。"

我没辙了，想了老半天，说："我知道了，这些题目你做不出来吧。"

她立即提高音量说："谁说我不会做，我不想做。"

"一定是你不会做才说不想做的。"

她立即说："我会做，我会做，不信，我做给你看。"她便跑到屋里做作业去了。

（漆珍口述）

（三）说服的基本要求和注意事项

1. 了解和研究说服对象

了解对象就像医生诊断病情。应尽量弄清以下情况，下面以"教学示例（一）"为例进行分析。

（1）问题产生的原因

包括外因和内因，如教学示例（一）中，小唐落后的原因有：对自己的行为评价有些美丑不分、自暴自弃、逆反心理；与人们格格不入，得不到全面公正的评价，得不到正确的引导等。

(2) 转化的心理障碍

影响转化的现实内因，有时就是问题产生的原因。教学示例（一）中小唐转化的主要障碍：认为被人看扁，看不到希望和出路。

(3) 转化的根据

能促使转化的，对象在认知、情感、习惯方面的因素，是转化的基础。教学示例（一）中小唐转化的根据：自尊心、上进心；起码的理智（知好歹，从根本上讲还是识美丑的）。刘吉正是以此为基础来开展转化工作的。

(4) 对象心境、心态及其变化

教学示例（一）：无所谓，不愉快——被尊重被理解的愉悦——自省——感激。

(5) 对象对主体的态度

转化前的态度，转化中的态度变化。教学示例（一）：转化前有隔阂，敬而远之；转化中先是不在乎甚至对抗，继而心理接近（觉得还谈得来），继而信服，最后是感激。

(6) 对象的性格、情趣等

教学示例（一）中小唐的性格：外向、阳刚、爽快；人生态度似乎有点放荡不羁，玩世不恭。如果没有这些特点，刘吉最后的话就应该换种说法。

(7) 对象的基本情况

教学示例（一）中的小唐：男，30 岁，工人，工作不努力，经常生事……

了解对象是转化的基础，也是运用其他转化原则的基础。对对象了解得越深入，越准确，越全面，心理转化工作就越易于开展，就越易于成功。

2. 融洽感情，创造氛围，把握时机

(1) 融洽感情

情感障碍和心理壁垒总是产生于情感距离、理智误区和利害盲区，因此，注入情感，晓以道理，明确利害，是融通感情、消除壁垒的基本方法。

需要注意的是，转化工作中融通情感时，说服不能放弃原则，否则会出现并没有解决问题而表面上"服"的假象；安慰不要滥加同情，否则很容易加重对象的负面心理，或伤害对象的自尊心。

(2) 创造氛围

要求创造尽量好的转化气氛，好的外在环境（人的协同和物的环境）。好的氛围有利于心理转化。

(3) 说话的时机非常重要

不该说的时候说了，不会有好的效果；该说的时候不说，说话的最佳机会往往很难再找回来。

3. 对症下药

对症下药是说心理转化工作要针对对象的心理障碍、问题产生的原因（包括外在的、客观的原因）来进行，主要心理障碍（影响问题解决的关键原因）就是所谓的症结。

心理转化的"药"方大略可以分成六类：情、理、利、法、威、事。"情"就是动之以情；"理"就是晓之以理，对象的心理转化最终要靠理智；"利"就是揭示利害关系；

"法"就是法规制度;"威"就是利用威信和权利;"事"就是弄清事实,或帮助对象解决具体问题。情、理、利、法、威、事往往互相渗透。如往往"事"中见"情","情"中寓"理","理"中显"利","威"中含"情"。在具体的转化工作中,这些"药"方往往是搭配使用的。

贯彻这原则的关键是"对症",也就是要有心理针对性。以"教学示例(二)"为例:问题的症结是对象产生了失去关爱的错觉,因此老师着重运用言语(包括副语言)来向对象传达关爱,向对象用"情"。这个案例也用了"事""理",但其中包含着深厚的感情。

4. 言语要求

一要朴实平易,深入浅出,这样便于理解接受,便于表现真诚,融洽情感。二要运用多种语言形式,如文字资料,副语言(尤其是表情语言、行为语言和语气)。文字资料可以印证口头言语,还可以避免口语表达的尴尬;副语言可以比词语语言更好地表达或有力地印证主体的态度和情感。运用多种语言形式可以避免死板的和单调的说教,如教学示例(二)。

5. 耐心细致

急踩盲动和粗枝大叶是转化工作的大忌,往往使转化工作功亏一篑。

6. 讲究配合

如果转化工作有多人参与,就要注意发挥配合的优势。

(四) 说服的常用方法

1. 事实疏导

通过事实(情况、事例、数据、实验等)来辨明是非,讲清道理;用澄清事实来消除误会,从而调整认识和心态。这是最有力最常用的方法。教学示例(五)中就使用了这种方法。

2. 正话反说

站在错误的(一般是对象的)角度,按照错误的逻辑来说话,使对象明显觉察到说话的逻辑错误,从而改变、改善自己的认识、情感、行为状态。实际上是归谬与暗示的结合。这种方法有着较强的刺激性,因此往往有着振聋发聩的作用,如教学示例(十)。

3. 改变参照

通过改变事物的参照来改变对象对事物的价值认识、调整对象对事物的情感倾向,如教学示例(八)。

4. 引导发泄

当对象存在不良情绪而进入心理失衡状态时,引导其释放不良情绪,如让委屈的人倾诉,让痛苦的人痛哭,让愤怒的人喊叫或摔东西。发泄以后,对象心态般会进入较平衡状态。

5. 赞扬恭维

用赞扬、恭维的办法让对象明白道理，看到问题，调整心态，找到自己的坐标，如教学示例（六）。

6. 批评驳斥

作法同"赞扬恭维"法相反，但作用一样。教学示例（十）的反话同时也是批评和驳斥。

7. 诱导明理

不直接把道理讲出来，而是引导对象通过思考明白道理，解决问题，多用提问的方法。例：

一位年轻人对大发明家爱迪生说，他要发明一种能溶解一切物质的"万能溶剂"，爱迪生听了，略带惊奇地问道："那么，你打算把它放在什么容器里呢？"年轻人顿然醒悟。（据史晟、周荣《谈判口才训练教程》）

8. 分析说理

分析事物，分析事物与事物之间的内在联系，让对象明白道理或利害关系。

9. 角色易位

一是站在对方的角度去理解对象，使对方得到被理解的满足；二是引导对方换位思考，以引起对象的情感体验。

10. 现身示范

一是谈自己的挫折、弱点和教训，来启迪对象心智，平衡对象心态，如教学示例（七）；二是用自己的行为给对象做出样子，促进对象转化。

11. 利法堵截

让对象明白危害，以法规制度告诉其不可行，逼其回头，多与疏导结合起来进行。注意：要让对象看到希望，不能使其绝望。

12. 关爱提醒

从关心对象出发，用适当的话语来拨亮对象的心灯，照亮其认识暗区和情感误区。

13. 比喻说理

用打比方的办法来讲道理，往往能收到深入浅出的效果，如教学示例（三）。

14. 送梯法

当对象处于尴尬中时，为其提供某种事实、某种理由、或者做出让步，来让对象下台，以平衡其心理。

15. 激将法

用贬低对象的话来刺激对象，以改变其态度。激将法主要着眼于对象的自尊心，如教学示例（十一）。

16. 转移法

对象处于不良心态时，设法将对象从其心理热点上（"牛角尖"中）转移出来。如强调挫折的客观原因（减轻其自责），展望前景（促使其向前看），指明责任（使其明白沉溺则不能担负起自己的责任），转移注意，如教学示例（四）。

17. 承诺法

承诺帮助对象解决某些困难和问题，为对象的转化创造外部条件，并增进双方的感情（能成为转化的心理动力）。

（五）说服的说话技巧（摘自《卡耐基口才的艺术与人际关系》，有删减）

1. 间接地指出别人的错误

一天，查尔斯·史考伯经过自己的钢铁厂的时候，撞见几个工人正围在一起抽烟。他们显然忘记了工厂禁止吸烟的明文规定，或者像很多犯错误的人一样存在侥幸心理。史考伯先生应该把他们揪出来，然后狠狠地批评他们吗？或者把那块"禁止吸烟"的牌子指给他们看？这都只会让对方感到难堪。并且对史考伯产生怨恨。只见他不动声色地走上前。发给他们每个人一支雪茄。并对他们说："我们到外面抽去。"这工人当然不会跟着史考伯一起出去抽烟，而是对他说："啊，我们忘记工厂禁止吸烟的规定了。请您原谅。"然后赶快回到他们的工作岗位去了。当然。我们能够体会到他们心里的那种复杂的感觉：既为犯了误而感到自责，又为没有受到惩罚或指责而感到庆幸，同时对史考伯先生也越发尊敬。他们以后定不会犯同样的错误了。

当你发现对方犯了一个很明显的错误时，为了使对方能够尽快改正，于是你好心地对他说："看，约翰，你刚才说的有这样一个错误……"你满以为他会感激你，但是结果却让你很意外，甚至让你感到无法与之沟通——他坚决不承认自己犯了错误，更不用说感激你了。

你没有必要因此而责备对方，这种事情太常见了，几乎每个人都会有这样的毛病。当别人指出自己的错误，尤其是直截了当地指出的时候，一般人似乎都受不了。他会因此而产生一种让人觉得不可思议的强大的力量，正是这种力量迫使他拒绝接受你的批评或指正，即使他明明知道你是为他着想的。

心理学家指出，这种强大的力量中有很大一部分是自我认同感在起作用。当自己所相信的东西被怀疑或否定之后，每个人都会产生一种焦虑，感到自己的自尊被伤害了，甚至感到自己的安全已经没有了保障。结果是，他会本能地拒绝承认自己的错误，即使他可能认为你说的是对的。因此，当你想要说服一个人，让他明白自己的错误的时候，千万不要直接指出对方的错误。

我相信，直接指出对方的错误，实际上就是在批评对方。任何人都不喜欢被他人批评，即使他明白自己确实做错了，但是人们却往往做这样的蠢事。在我们身边经常会遇到一些比较心烦的事情困扰着我们的目的。

马吉·嘉可布太太请了几位技术非常好的工人加盖房子。头几天，他们总是把院子弄得乱七八糟，到处都有木屑。有一次，等他们结束了一天的工作后，聪明的嘉可布太太不露声色叫来她的孩子们，和他们一起把木屑处理干净，堆到院子的角落里。第二天，工人们来的时候，她非常高兴地对工人们说："你们昨天把院子扫干净了，我非常高兴。老实说，这简直比我们以前的院子还要干净。"

听到这些话后，那些工人十分高兴，以后都把木屑推在了院子的角落。试想一下，如果嘉可布太太摆出一副雇主的姿态，那些工人会怎么样呢？他们会毫不犹豫地换另外一份活儿的，因为像他们这么优秀的建筑工人毕竟很少。

从上面例子的结果来看，间接地指出对方的错误，是十分正确的。采用温和的语气，间接地指出别人的错误，这样就不会引起对方的反感。

确实，我们只要在指出对方错误的同时，注意维护对方的自尊，就很容易收到好的效果。这是十分符合人的本性的，正因为我们没有办法改变人性的弱点，所以只有使自己所做的事情符合人性。那些聪明的人总是会想方设法这么去做，因为他们知道这样做的效果比直接指出对方的错误要好得多。

一些大公司或者机构的上层人物一般人通常很难见到，其中的部分原因固然是他们很忙，但是那些下属的"顾虑"也是一个重要的原因：他们不愿意他们的上司被打扰，因此帮上司挡掉了许多看起来不那么重要的客人。这对那些上层人物来说并不一定就是好事，卡尔·佛朗在当佛罗里达州奥兰多市的市长的时候，就曾经遇到过这样的麻烦。

他奉行的是"门户开放"政策。当时他规定，市民如果有事的话就可以直接来见他，但是，那些造访的市民却常常被工作人员挡在门外。后来，为了圆满地解决这个问题，聪明的市长想出了一个高招儿：他叫人把他办公室的门给拆了。这样，他就是在明白无误地告诉工作人员不要再挡那些造访者了。另一方面，他用行动暗示了工作人员的错误，但并没有直接指出来，这就给他们保留了自尊。

通过上面的这些案例我们可以知道，为了劝服别人同时又不伤害别人，你需要间接地指出他人的错误。

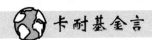

- 当你找出一条理由来指出对方的错误时，对方一定会找出十条理由来反驳你。所以，千万不要让对方产生这种抗拒心理。
- 不要让对方觉得你是以指出他的错误为乐，最好的办法莫过于用平和的语气间接地指出来。
- 如果你妄图通过批评对方来显示你的高明和优越，你是不会受到欢迎的。相互尊重，是人与人交往的基础。

2. 让对方觉得是自己的主意

第26任美国总统西奥多·罗斯福在担任纽约州长的时候，他完成了一件非同寻常的业绩，他强有力的推行一些政府首脑所最不喜欢的改革方案。他是如何做到的呢？

当有重要职位空缺的时候，他就请政治首脑们给他推荐担任此职的人。最初，罗斯福说，"他们也许会提名一个软弱无能的'党棍'，即那种需要'照顾'的人"。罗斯福就告诉他们，委任这样的一个人不是上策，因为公众不会赞同。

然后，政客们向罗斯福推荐另一个无所作为的"党棍"，这是个碌碌无为的人，尽管他无可指责，却也没有什么值得称赞的业绩。罗斯福告诉政客们，这个人不能满足公众的期望。接下来请他们再想想，能否找到一个显然更适合这个职位的人。

政客们第三次提议的人还说得过去，但仍不十分理想。于是，罗斯福请他们再试一次。政客们第四次提议的人就可以接受了，这时所提的正是罗斯福自己要提出的人。罗斯福对政客们的协助表示了感谢，并委任了这个人，并还把这委任之功归于政客们。

罗斯福就是用这种方法成功地执行了这项难以执行的改革方案，请切记，尽可能地向别人请教，并尊重他们的建议，让对方觉得那主意完全是他们自己决定的。这就是说服别人的秘诀，也是你成功的秘诀。

爱德华·豪斯上校在威尔逊总统执政时期，在处理国内外事务方面具有很大的影响力。威尔逊对豪斯的秘密策划及建议的依赖，比他自己的内阁成员还多。豪斯上校是用什么方法影响总统的呢？我们有幸得知这个答案，因为豪斯自己曾对亚瑟·D·史密斯说过，而史密斯又在《星期天晚报》上披露了。

"认识了总统以后，"豪斯说，"我发现，要使他相信某一种观念的最好方法，就是将这一观念很自然地植于他心中，并巧妙地使他对这一观念产生兴趣，使他经常思考。这方法第一次发生效力，纯属巧合。"

"我曾到白宫去拜访他，劝他推行某项政策，而这种政策他似乎不太赞成。但几天以后，在一次聚餐的时候，我很惊讶地听到他把我的那个提议当作他自己的意见说了出来。"

豪斯是否阻止了他，说"那不是你的意见，而是我的"呢？并没有。豪斯绝不会那样。他非常精明，他不屑于居功，只求行事有效，所以他使威尔逊继续认为那意见是他自己想出来的。不仅如此，他还使威尔逊因为公开了这些意见而获得了世人的赞誉。

我们一定要记住，我们每天所要接触的人，也许正像威尔逊一样，具有人性的弱点，所以，我们就应采用豪斯上校的做法。

卡耐基金言

- 虚心地向对方请教，让对方帮你出主意，并使对方觉得那是他自己的主意。
- 你只需适当提示，让他主动地思考下去，他就会得出和你一样的意见，但是如果你这么做的意图过于明显，他就会采取抵抗的心理。
- 影响一个人的最好办法就是在不经意间将某种意见移植到他的脑海中，从而变成他自己的意见。

3. 帮助对方以客观的态度认识事物

我们帮助别人客观地认识事物，首先要知道他是怎么想的，以及是如何得出这一想法的。每个人都会有一定的坚持己见的习惯。他们看问题当然是从自己的经验、自己的立场去做判断，而且认为这是对的。当有人怀疑他的正确性的时候，他会毫不犹豫地为自己的观点进行辩护，除非你能够指出他的致命的缺陷。所以，你必须站在他的立场去考虑问题，并进一步地反驳他。

卡耐基在进行一次讲座的时候，租用了纽约市一家饭店的舞厅作为演讲地点。在演讲开始的时候，饭店方面突然打电话告诉他说必须付比以前高 3 倍的租金。他并不想改变演讲的地点，因为一切准备工作都已经就绪。于是他打算说服饭店的经理，使他打消这样的念头。

"你们的通知的确让我很吃惊。"当卡耐基见到那位经理后，微笑着对他说，"但是我这次并不是想责怪你。我知道，如果我是你，我也会这么做。因为不这样做的话，饭店的利益就要受损，而你将会被辞退。那么现在，为饭店的利益着想，我们来分析一下这项决定的利与弊。"

卡耐基从包里拿出一张早就准备好的纸，在纸的中间画了一道线，作为"利"和"弊"的区分线。接着，在"利"的那一边写下"可做他用"，然后跟他解释说："的确，你们可以把舞厅租给人家，用来跳舞或者开会。毫无疑问，这样肯定会比租给我的价钱要高；而租给我的话，相当于你们损失了很大一笔钱。"

再接着，卡耐基在纸的另一边写下"减少收入"和"广告效应"，然后对他解释说："首先，我因为付不起你们的租金，所以不得不另觅地方，这样一来，你们势必要空出这个舞厅一段时间，相对来说，这比现在算是减少收入。其次，你们知道，我每次所举办的一系列讲座，都会吸引很多人——包括很多名人到你们饭店居住，难道你不认为这是最好的广告吗？你们每次需要在报纸上花多少钱打广告呢？如果我猜得不错的话，5000 美元应该是必不可少的。而且，这些报纸上的广告的效果也未必有这么大，这对你们这么大的酒店来说，价值是不是非常大呢？"

最后，卡耐基把这张纸交给尚在思考的经理，并且对他说："为了你们的利益，请认真地考虑一下，然后尽快通知我"。结果第二天，饭店方面就通知卡耐基，租金只需要增加 50%，并不是之前决定的 3 倍。

我们在说服他人的时候，是完全可以用更加简单而有效的方法来做到这一点的——让他人客观地认识情况。只要你能够保持理智和冷静，你也可以试着这么去做。

卡耐基金言

- 不要对他人的观点加以批评，而应该告诉对方，他现在在受着某种客观条件或某种错误想法的束缚，应该排除这种偏见。
- 不要直接告诉他人应该怎么做、怎么想，而应该告诉他真实的事情是怎么回事。
- 你没有必要把什么是对的、什么是错的都摆出来，而应该告诉他哪些是真实的，哪些是虚假的；或者哪些是明显的，哪些是容易被忽视的。

4. 用提建议的方式让别人接受

建议别人，而不是强硬地命令对方，不仅能维持一个人的自尊，给他一种自重感，而且能使他更乐于合作，而不是对立。像这种方法，能使人更容易改正他的错误。而一些长者的粗暴态度所引起的愤怒可能会持续更久，即便他所纠正的是一个很明显的错误，也会如此。唐·斯坦瑞利是宾夕法尼亚州威明市一所职业学校的老师，他说了一件事：

有一个学生因为违章停车而堵住了学校的大门口。有一位老师冲进教室，以非常凶悍的口吻问道："是谁的车堵住了大门？"

当那个学生起来回答时，那位老师怒吼道："你马上给我把车开走，否则我就用铁链把它绑上拖走。"

这位学生确实是错了，汽车不应该停在那儿。可是从那天以后，不只是这位学生对那位老师的举止感到愤怒，全班的学生也总是做一些事情给这位老师造成不便，使得他的工作更加不顺。

本来他可以用完全不同的方式来处理这件事的。假如他友善一点地问："门口的车是谁的？"并建议说："如果你能把它开走，那别人的车就可以进出了。"这位学生一定会很乐意地把车开走，而且他和他的同学也就不会那么生气了。

即使身为长者或上司，你也不能用粗暴的态度对你的晚辈或下属说话；否则你所得到的不是合作，而是激烈的对抗。同样，因为采用建议的方式可以让客户更好地接受和采纳你的意见，按照你的要求来做，满足你的需求。

在南非约翰内斯堡的一家小工厂里，经理伊安·麦克唐吉有个机会接到一份大订单，但他知道自己没有办法按期交货。尽管工作已在工厂安排好了，可是这份订单所要求的完成时间实在太短了，使他不太可能去承接这份订单。他并没有催促工人们加速工作来赶这份订单，他只是把大家召集在一起，对他们解释这种情形，并对他们说，假如能按时完成这份订单，对他们和公司的意义将有多大。"我们有什么办法来完成这份订单吗？""有没有人能想出别的办法来处理它，使我们能接下这份订单？""有没有别的办法来调整我们的工作时间和工作的分配？"结果，员工们提供了许多意见，并坚持让他接下这份订单。他们用一种"我们可以办到"的态度，终于获得了这份订单，并且按期交货。向工人们征询意见，不但使得这家小工厂接到一张订单，更激发了工人们的创造力，促成了良好合作和融洽的氛围。

因此，要想说服别人而不伤感情和引起反感，就请注意你说话的语气，改变你说话的态度，不妨换一种方式来提出你的要求：建议对方，而不是直接下命令。

卡耐基金言

- 请求或者建议实际上是命令的弱化，但是会收到截然不同的效果。
- 没有命令、强迫成要求，可能就没有反抗和抵触。
- 如果能把命令说成是你的想法或建议的话，在某种程度上，对方会不便于拒绝你。
- 即使你处于"权威"的一边，为了维护他人的自尊，更好地说服对方，也必须用建议的方式来代替命令。

5. 切勿使用指使的语气说话

纵使别人犯错，而我们是对的，如果没有为别人保留面子，就会毁了一个人。强势的态度不仅达不到我们预期的目标，而且还可能偏离得更远。

俄克拉荷马州一家工程公司的安全检查员乔士得的工作是检查工地上的工人是否带了安全帽。一开始，当他看到那些没有戴安全帽的工人时，他会立即批评这些工人，并且命令这些工人立刻戴上。但是这种方法收效甚微。工人当着他的面会戴上安全帽，但是当他走了以后，他们便会再把安全帽拿下来。

乔士得觉得自己的做法不合适，于是决定采用其他方式。当他看见没有戴安全帽的工人的时候，他就微笑着询问对方是不是觉得安全帽戴在头上不舒服、帽子的大小是不是不合适，然后他会对工人讲安全帽的重要性，建议他们为了自己的安全，最好把安全帽戴上。结果，这种做法收到了很好的效果。

前后不同的两种做法导致了工人们前后不同的两种反应，这就是人们的心理作用使然——排斥指使的态度和命令。之前乔士得采用了强势的方法，命令和指使工人应该如何去做，结果工人们不喜欢听乔士得的指使，这是他失败的主要原因；而后来乔士得之所以成功地说服了那些工人，同样也是因为他没有指使工人们怎么做。

有一次，卡耐基和一位朋友驱车前往法国的乡下旅行，结果却迷了路。他们只得把车子停下来，向一群当地人问路。

他的朋友是一位大大咧咧的人，他冲上前去，对他们几乎吼着——在几十米外都能清楚地听到——说："喂，到××镇怎么走？"

几分钟后，那位朋友怏怏地走了回来，愤愤不平地埋怨这里的农民没有礼貌、一点儿都不热情。而卡耐基微笑着走向那群农民，然后脱下帽子客气地向他们说道："我遇到了一个麻烦，需要你们帮一个忙。请问到××镇怎么走？"

结果卡耐基很快就得到了十分准确而详细的答案。他们显得很热情，回答得快速而有礼貌。等他们说完之后，卡耐基向他们表示了感谢。

道娜是一家公司的经理助理。有一天，公司里来了一位客人，由新上任的经理接待。道娜像往常一样，正打算去给那位客人倒水，但是经理却突然对她说："去，倒杯水！"道娜却随口接道："我想去一下洗手间。"这种情况在我们身边也常常发生，比如你在酒店里就可能会遇到类似的情况，虽然服务员满口答应你，但是却迟迟不会把水打来。你可以投诉她服务态度不好，但是这样对你自己并没有什么好处。那么，你为什么不能换种语气来说呢？你可以这么对她说，"我现在需要一壶水，你能给我打壶水来吗？"她一定会非常乐意为你服务的。而这样做，难道使你损失了什么吗？

当我们在说服一个人的时候，我们也经常像是在指使别人："你应该这么做……"或者"你这么想才是对的……"我们经常使用的是命令或者强迫的语气，即使我们有时候并不具有那种权威。你应该让你的语气更加柔和和委婉，用建议代替指使，可以让人信服；用请求代替指使，可以让人高兴地执行；用商量来代替指使，有人会主动请缨；用赞美来代替指使，他们会用行动来证明你所说的是对的。既然有这么多的方法可以代替指使，既然指使对于达到我们预期的目的没有任何效果，那么我们为什么不尝试换一种方式呢？

卡耐基金言

- 无礼的命令只会导致长久的怨恨——即使这个命令可以用来改正他人明显的错误。
- 使用各种有效的技巧去代替指使，重要的是要使你的下属得到你的尊重。
- 指使他人的结果是，他不会很好地完成你的指令，因为他是被迫做这件事情的。
- 不要针对某个人发表你的意见，如果你要说服他，需要针对的不是人，而是事。

6. 让别人对你产生信任感

1858年，当林肯竞选美国上议院议员时，他需要到伊利诺伊州南部的一些地方演说，以赢取那里的选票。但是要达到这个目的却非常困难——那些地方的人们对他极不信任，甚至有敌对的心理。

这是因为，林肯是一个废奴主义者，而他们地方的农场主却拥有大量的黑奴，他们自然不会喜欢林肯当选。这种政见和利益的对立是十分尖锐的。他们甚至扬言，只要林肯一来，他们就会立即把他杀死——这些野蛮的当地人即使在公共场合也腰挂短枪、身带利刃。

面临如此巨大的危险，我们可以想象林肯当时做出决定时需要多大的勇气。结果是，这些威胁并没有阻止林肯前进的步伐，他说："给我几分钟，我就能说服他们。"

在演说之前，林肯与当地的极为重要首领——握了手，然后发表了演讲：

"伊利诺伊的朋友们，肯塔基的朋友们，密苏里的朋友们！我来之前就听过一个谣言，说你们之间的某些人要跟我作对——如果有的话，那么这些人一定就坐在下面吧？但我不相信这是真的，因为你们没有理由这么做；因为我也像你们一样，是从艰苦的乡村中艰难地爬出来的，是一个爽快而直率的平民。那么，为什么我不能和你们一样发表自己的意见呢？朋友们！我了解你们比你们了解我要多得多！你们将来会知道，我是怎么样的一个人。我并不想跟你们作对，所以，你们也绝不会跟我作对的。现在，我站在这里，我们就已经成为朋友。我相信你们会愿意交我这个朋友的，因为我是一个谦和的人。我诚恳地要求你们给我说几句话的时间。你们——勇敢而豪爽的人们，一定不会拒绝我这个朋友的这个小小的要求的。那么现在，就让我们开诚布公地讨论一下严重的问题吧！"

听完林肯的这段话之后，原本愤怒的人们开始为他喝彩。结果是，这里的大部分人后来成为林肯的朋友——他们开始终生信任他。也正是这些人，后来帮助他成了美国的总统。

由不信任到信任的差别如此之大，这正是林肯所意识到的。所以，他极力向这些人说明他和他们之间没有不可逾越的鸿沟，说明他和他们是朋友。所幸的是：他做到了这一点。

信任，是人们进行交往的基本前提。如果没有信任，即使人们在互相谈话，也称不上是真正的沟通。我们无法想象一个对我们心怀戒备的人会听从我们的建议，有时候，这让我们不知所措。

究竟怎么样才能取得别人的信任，从而让他们听从我们的劝说呢？最简单的方法就是微笑。微笑是最简单、最有效地与人沟通的方法。这个方法也能够帮助你取得别人的信任，因为这会让你看起来更加真诚；同样，我们勇敢地承认自己所犯的错误，这也能够使自己得到别人的信任，因为这表明你很诚实。

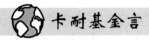

- 信任并不是一开始就有的，它需要人们努力去建立。
- 不信任会导致莫名其妙的猜想。对方会对你所说的东西产生疑问，即使你明白无误地表达出来，他仍然会生出不同的理解来。
- 当你不知道对方为什么拒绝你的时候，你应该考虑到对方可能对你已经有了强烈的不信任感。

7. 掌握说话的主动权

掌握说话的主动权才能最终达到说服对方的目的，正如大多数推销员一样，他们向客户推销自己的商品时，往往不能掌握谈话的主动权，所以导致最终的谈话失败。

一位图书推销员敲开一户人家的门，对一个太太说："太太，我们的图书质量非常好，装帧也非常精美，您看有没有需要的书呢？"对于这位推销员的推荐，我们会有什么样的反应呢？在大部分情况下，这位推销员得到的回答是"不需要"，然后门会被关上。看得出来，这样的推销员不是出色的推销员，那么，作为一位出色的推销员，他会更加懂得推销时的说话艺术。让我们来推测一下一位优秀的推销员的推销情况。

推销员："太太，早上好！你家的孩子都上学去了吗？"

某太太："是的。"

推销员："你的孩子上几年级了？"

某太太："大的五年级，小的二年级。"

推销员："他们一定都很聪明吧？"

某太太："是的，当然。"

推销员："他们平时喜欢看书吗？"

某太太："有时候看。"

推销员："我想我这里有些书他们可能会喜欢……"

我们可以想象，这位推销员成功的概率应该是非常高的。为什么？因为他掌握了很好的推销艺术，并且在谈话过程中很好地控制了话题。

如果想让我们的交谈变成一次卓有成效的谈话，那么你就要想方设法地引导对方，或者巧妙提问，或者选择对方感兴趣的话题，并暗中把谈话引向我们期望的方向，这样就能说服对方。

胡佛总统的沉默寡言让许多记者都望而却步，想让话从他的嘴巴说出来，简直比登天还要难。但是，一名芝加哥的记者却轻易地做到了这一点，而且使胡佛总统谈了两个多小时。

那时候，胡佛是共和党的总统候选人，年轻的记者里尼提偶然地跟他同坐一辆列车，并得到了采访他的机会。一开始，当里尼提询问一些问题的时候，胡佛总是简单地回客"是"或"不是"，然后就长久地陷入沉思。里尼提觉得很尴尬，虽然他早就知道胡佛的习惯了，他不得不一边问问题，一边想办法解决这种状况。

当大车经过贫穷而荒凉的内华达州时，里尼提突然想到了一个很好的话题。他望着窗外，好像是自言自语地说："在这个地方，人们应该还是用那种古老的方法来采矿的吧？"这时候，胡佛马上说道："早就不用那种方法了，现在全国都在采用最新的采矿方法。"接着，胡佛的话匣子好像是被打开了一样，他滔滔不绝地谈了起来，从采矿到石油，从航空到邮政……当时那些跟胡佛同乘一列火车的人都是有名望的人，但是胡佛对他们都不理不睬，却偏偏跟里尼提谈了两个多小时。

里尼提本来是一个默默无闻的记者，但是却因为跟胡佛总统聊了一个合适的话题，使自己成了和胡佛总统谈话时间最长的记者。看来，话题对谈话确实起着至关重要的作用。如果没有找到合适的话题，不难想象，谈话的结果一定不会很理想。

有效地控制话题，对说服一个人来说的确十分重要。苏格拉底以擅长言辞而著称于世，他创立的问答法至今有着经久不衰的魅力，成为谈话的一种经典方式。问答法的核心内容是，我们在与人谈话的时候，如果想要说服对方，当不可避免地要面临一些有分歧的话题的时候，我们需要就这个话题的共同点（相对于分歧）对话题进行控制，一步一步地使对方做出肯定的回答。这样，就可以使谈话朝着对我们有利的方向发展。

卡耐基金言

- 通过曲折迂回的方式，使对方顺着你的思路进行思考，往往会收到事半功倍的效果。
- 控制说话的主动权，不能让谈话失去方向，这样才能达到自己想要的效果。
- 说服他人，而不被他人说服，最重要的就是掌握谈话的主动权。

学习活动二　拒绝别人

一、学习引导

案例分析

曾有位女士对林肯说："总统先生，你必须给我张授衔令，委任我儿子为上校。"林肯看了她一下，并没有回答。女士继续说："我提出这一要求并不是在求你开恩，而是我有权利这样做。因为我祖父在列克星敦打过仗，我叔父是布拉斯堡战役中唯一没有逃跑的士兵，我父亲在新奥尔良作过战，我丈夫战死在蒙特雷。"林肯仔细听过后说："夫人，我想你一家为报效国家已经做得够多了，现在到了把这样的机会让给别人的时候了。"

看完这个故事以后,请思考:①为什么要拒绝?不拒绝可能有什么后果?②林肯是怎样拒绝这位女士的?

二、学习任务

(一)发放任务书

请认真阅读任务书,了解任务要求和学习目标。

任务书

1. 任务名称

得体地拒绝王林。

2. 学习目标

①能得体地拒绝别人的邀请。②能使用拒绝的技巧和正确的方法,巧妙地拒绝别人。

3. 任务描述

同事王林邀请你下班后一起吃饭,你不太想去。请你得体而又巧妙地拒绝他,既不伤他的面子,又能维持良好的同事关系。

4. 任务要求

(1) 拒绝王林的邀请,用视频展示出来你拒绝王林的经过,并上交。

(2) 具体要求。

①两人1组,互扮"王林"。②视频中出现两人的对话。

5. 资源准备

(1) 白纸、笔等文具;

(2) 提前分组;

(3) 关于"拒绝别人"的学习资料。

(二)解读任务书并制定计划

(1) 解读任务书。

(2) 完成任务的计划。

① 组建团队:学生自由结组,两人一组,课代表协调,教师指导。

② 资源大分享:学生广泛搜集"拒绝的资料",并进行交流。

③ 七嘴八舌大讨论:分析别人的做法。

④ 头脑大风暴:探讨怎样拒绝王林。

⑤ 思路细整理：在教师的指导下，学生构思怎样拒绝王林。
⑥ 拒绝王林的练习：小组练习并相互点评，修正方案。
⑦ 班级内展示。
⑧ 点评与总结。

三、任务实施

（一）组建团队

1. 时间

5 分钟左右。

2. 要求

两人一组。学生自由结合，课代表协调，教师指导。

（二）资源大分享

1. 认真阅读、理解本学习活动的资源链接，广泛搜集资料，识记拒绝别人的技巧和口气。把你记住的拒绝别人的方法、技巧和得体的口气默写在下面横线上。

（1）拒绝的方法：＿＿＿＿＿＿＿＿＿＿＿＿＿＿＿＿＿＿

＿＿＿＿＿＿＿＿＿＿＿＿＿＿＿＿＿＿＿＿＿＿＿＿＿＿＿＿

＿＿＿＿＿＿＿＿＿＿＿＿＿＿＿＿＿＿＿＿＿＿＿＿＿＿＿＿

＿＿＿＿＿＿＿＿＿＿＿＿＿＿＿＿＿＿＿＿＿＿＿＿＿＿＿＿

（2）拒绝的技巧：＿＿＿＿＿＿＿＿＿＿＿＿＿＿＿＿＿＿

＿＿＿＿＿＿＿＿＿＿＿＿＿＿＿＿＿＿＿＿＿＿＿＿＿＿＿＿

＿＿＿＿＿＿＿＿＿＿＿＿＿＿＿＿＿＿＿＿＿＿＿＿＿＿＿＿

＿＿＿＿＿＿＿＿＿＿＿＿＿＿＿＿＿＿＿＿＿＿＿＿＿＿＿＿

（3）拒绝的口气：＿＿＿＿＿＿＿＿＿＿＿＿＿＿＿＿＿＿

＿＿＿＿＿＿＿＿＿＿＿＿＿＿＿＿＿＿＿＿＿＿＿＿＿＿＿＿

＿＿＿＿＿＿＿＿＿＿＿＿＿＿＿＿＿＿＿＿＿＿＿＿＿＿＿＿

＿＿＿＿＿＿＿＿＿＿＿＿＿＿＿＿＿＿＿＿＿＿＿＿＿＿＿＿

2. 把你知道的拒绝别人的方法、技巧和得体的口气分享给大家（不看任何资料），并记下别人分享的要点。

_____
_____
_____
_____

3. 打分与评价

根据"资源大分享"活动中自己默写和记录情况，自我打分，并请你的"王林"和老师分别为你打分，最后算出平均分。说明：总分为 5 分，共分 5 档，每档 1 分。

"资源大分享"活动评分表

姓名：_____ 王林：_____ 分数：_____

本人（5分）	"王林"（5分）	教师（5分）	平均分（5分）

（三）七嘴八舌大讨论

分析下列示例，并思考：

这些拒绝示例使用了什么方法，是如何做到委婉得体的？

示例 1

甲听说乙要向他借一大笔钱，他知道借出去就是"肉包子打狗一去不回了"，于是，等乙一进家门，就说："你来得正好，我正想去找你呢。这两天可把我急坏了，有一批货非常便宜，可我怎么也凑不齐这笔资金，正打算找你拆借点儿呢。"对方一听这话，知道自己"走错门"了，只好敷衍几句走人。

（班随叶《领导场景语言艺术》）

示例 2

1949 年年底，商务印书馆的董事长张元济先生，找到陈毅市长，要向市政府借款 20 万元，以解燃眉之急。这位董事长已 80 岁高龄，且德高望重，陈毅小时候就知道他的大名。

当时全国刚刚解放，百废待兴，拿出 20 万元有很大的困难。没办法，陈毅只好直截了当地对张先生说："如果说人民银行没有 20 万元，那是骗您。我不能骗您老前辈，只要打一个电话给人民银行就可以解决问题。您老这么大年纪，为了文化事业亲自赶来，理应借给您。但我想，还是不借给您为好，20 万元搞商务一下子就花掉了，还是从改善经营想办法，不要只搞教科书，可以搞一些大众化的年画，搞些适合工农需要的东西，学中华书局的样子。否则不要说20万元，200万元也没有用。要您老先生这么大年纪到处轧（读：gá，结算、收付）头寸（款项），我很感动，但对不起，我不能借这笔钱，借了是害你们。"

张老先生被说通了，他高兴地说："我完全接受你的意见，我不借钱了。你的话是对我们商务印书馆的爱护，使我很感动。"

（班随叶《领导场景语言艺术》）

示例 3

有一次，王老师的现任领导要送一个孩子到补习班插班，王老师以"商量商量"为由，从补习班的老师、学生中找来几个人，让他们在场。这样，在王老师陈述补习班的具体情况时，他们自然而然地插上几句："教室太小了，不能再加人啦！""休息时老师连个坐的地方都没有，那怎么行呢！"领导知道补习班的确没法加人，也就算了。

（史晟、周荣《教师口才训练教程》）

示例 4

意大利音乐家罗西尼72岁生日前夕，一些朋友来告诉罗西尼，他们筹集了两万法郎，要为罗西尼立一座纪念碑。罗西尼听了以后说："浪费钱财！把这笔钱给我，我自己站在那里好了！"

（班随叶《领导场景语言艺术》）

示例 5

一位普通职员鼓起勇气走进上司的办公室，说，"对不起，我想该给我长长工资了。"上司回答说："确实应该了，但是……"，他把文件推到桌子一边，指着玻璃板下一份表格说，"根据本公司职务工资制度，你的工资是你这一档中最高的了"。职员泄气了："我忘记我的工资级别了！"

（漆浩《说话高手》）

示例 6

杂志社的一位编辑退稿，他对作者说："你的文章和本社读者的层次不太符合，如果符合本社读者的层次，我一定首先处理你的稿子。××出版社可能很欢迎这样的稿子。"

（漆浩《说话高手》）

示例 7

某游客问导游："请问，如果我向您提一些不客气的问题，您愿意回答吗？"导游思考了一下，机敏地说："我们是把您当作朋友看的，如果你的问题有助于加深我们彼此的友谊，那我将十分愿意回答。"对方一愣，略低沉吟了一下，就开怀大笑起来，连连伸出大拇指夸赞导游。

（四）头脑大风暴

采用头脑风暴的形式，讨论怎样拒绝王林。

（五）思路细整理

根据所学的知识和之前的讨论，整理拒绝王林的思路，并组织语言。把准备的内容写在下面的横线上。

👉 拒绝王林

_____
_____
_____
_____
_____
_____
_____

（六）拒绝王林快练习

（1）组内练习：小组两人互为"王林"，进行拒绝练习，并进行互评、改进。

要求：
① 小组两人互为"王林"进行练习。
② 每次练习之后，"王林"要谈谈这样的拒绝给你的感受，以使练习者改进。
③ 相互评价打分。

"拒绝王林"评分表

姓名：_____   王林：_____   评分：_____

序号	内容	分值	评分标准	得分
1	态度积极	15分	态度积极、热情、诚恳	
2	语言流畅	20分	语言流畅、不打磕巴	
3	有声表达	20分	声音洪亮，停顿运用得好，语速适中	
4	方法与技巧	30分	能领会运用所学的拒绝技巧与口气	
5	整体效果	15分	拒绝效果好，既不伤对方面子，又维持了良好的人际关系	

总分：_____

组长签名：_____

(2) 请若干学生在班级内进行拒绝练习，师生点评。
(3) 教师总结与评价。
(4) 学生完善拒绝方案，录制视频并上交，教师打分。

四、知识链接

（一）拒绝的基本原则

1. 审时度势原则

拒绝同其他交际一样要看情势，要看是否必要和可能。从必要角度看，自己的道德准则不能接受的，没有能力接受的，接受后会给自己带来不愿承受或无法承受的损失的，接受后可能给对方带来麻烦或损失的，应当拒绝；如不至于如此，或对对方有利，而给自己带来的损失可以承受的，则应当接受。从可能的角度看，要考虑自己拒绝的能力，如无力拒绝，或拒绝后会带来更严重的后果，则只好接受。

2. 坚定性原则

如形势需要拒绝又可能拒绝，就应该下定决心拒绝，不要抹不开面子，不要举棋不定，不要勉强接受，不要给对方留下幻想。即使对方胡搅蛮缠，也不要动摇决心。

3. 委婉、得体原则

要以适当的理由拒绝，要以热情的态度和热切的语气拒绝，要创造或利用好的拒绝情境（如多请几个人帮着说话），要给对方面子和梯子（下台的理由），要运用适当的拒绝方法，来求得对方的理解和谅解，力争不得罪对方，不恶化双方的关系。必须直截了当地拒绝时，就要直截了当地拒绝，不要拖泥带水。

（二）拒绝的常用方法

(1) 直截了当法。一是如实陈述己方的困难和理由，或出示实物资料、实地察看等。二是说明接受后对对方、对己方、对双方可能造成的危害，让对方放弃要求。三是不做解释，也不找借口（找借口有时会弄巧成拙），只用合适的话拒绝，如"不，我觉得那样做不行，很抱歉。"

(2) 客观借口法。以己方的条件、能力、权限、规章制度等客观原因为借口予以拒绝。

(3) 延时缓冲法。当时既不接受也不拒绝，答应考虑考虑，想想办法，然后决定接受还是拒绝。在尽了努力之后再拒绝，对方一般不会怪罪。

(4) 反客为主法。变被动为主动，有很多具体的做法。如事先已知道对方要提出自己不能接受的要求，就应先行向对方提出某种要求进行拒绝。不能满足对方的要求时，登门（或主动打电话）说明原因并表示歉意等。

（5）先承后拒（承转）法。先肯定对方要求的合理性（或己方接受要求的合理性），再以其他方法拒绝。其基本格式是"……，但是，……真对不起。"

（三）拒绝要注重艺术性

在人际交往中，我们总有被人拒绝或拒绝别人的时候。拒绝，表述时总难离开一个"不"字，而这个"不"字，又往往最不好意思说出口。既要把"不"字说出口，又能赢得人家的宽容和体谅，和他人保持良好的人际关系，实非易事，敢于说"不"，诚然不易，而善于说"不"，则更加难得。所以给拒绝找一个适当的方式，确实是一门艺术。恰到好处的拒绝既有利于自己，也有利于别人。在交际中，你不可能任何事情、任何情况下都能满足对方的要求。有些人经常在该说"不"的时候没有说"不"，结果到头来既害己，又害人，将人际关系弄糟。

敢于说"不"，善于说"不"，这是做人处事不可或缺的学问。拒绝人的话是很难说出口的，因此要学会说"不"，必须掌握一些说"不"的诀窍。

1. 不会拒绝的原因

那些在别人不论提出多不合理的要求时都很难说"不"的人，通常是由于以下一种或几种原因造成的。

（1）对自己的判断力缺乏自信，弄不清楚什么是自己应该说的，什么是别人不该期望自己表达的观点。

（2）担心拒绝别人的请求会让人把自己看扁了，渴望讨别人喜欢。

（3）对自己能否成功地负起责任认识不清，胡乱承担责任。

（4）具有完善的道德标准，他们会因为"拒绝帮助"别人而感到罪过。

（5）觉得自己低人一等，因为把别人看成是能控制自己的"权威人士"，故而不敢说"不"。

然而，无论出于何种理由，这些不敢说"不"的人通常承认自己受感情所支配。不管过去的经历如何，他们从未在别人提出要求时有一个准备好的答复。

2. 拒绝的技巧

当然，说"不"有说"不"的诀窍，高明的手法就是用不说"不"的方式来表达拒绝。以下是一些说"不"的技巧。

（1）用沉默表示"不"

当别人问："你喜欢吃韩国菜吗？"你心里并不喜欢，这时，你可以不表态，或者一笑置之，别人即会明白。一位不大熟识的朋友邀请你参加晚会，送来请帖，你可以不予回复，这就说明，你不愿参加这样的活动。

（2）用拖延表示"不"

一位朋友想请你帮忙。她在电话里问你："今天去你们公司，可以吗？"你可以回答："明天再约吧，到时候我给你去电话。"你的同事约你星期天去钓鱼，你不想去，可以这样回答："其实我是个钓鱼迷，可自从成了家，星期天就被妻子占有啦！"

你和孩子一块儿上街，孩子看到一件自己喜欢的玩具，很想买，但你又不想纵容孩子乱花钱，你可以拍拍衣袋说："糟糕，我忘了带钱包。"

有人想找你谈话，你看看表说："对不起，我还要参加一个会，改天行吗？"

（3）用反问表示"不"

你和别人一起谈论国家大事。当对方问："你是否认为物价增长过快？"你可以回答："那么你认为增长太慢了吗？"

你的朋友问："你讨厌我吗？"你可以回答："你认为我讨厌你吗？"

（4）用客气表示"不"

当别人送礼品给你，而你又不能接受的情况下，你可以客气地回绝：一是说客气话，如"你太客气了，真的不需要这样"；二是表示受宠若惊，不敢领受，如"我没帮什么忙，实在是不好意思领受"；三是强调对方留着它会有更多的用途，如"这对我来说用处不大，你留着才能物尽其用啊"。

（5）用外交辞令说"不"

外交官们在遇到他们不想回答或不愿回答的问题时，总是用一句话来搪塞："无可奉告"。生活中，当我们暂时无法说"是与不是"时，也可用这句话。还可以用其他搪塞语"上帝知道""不久，事实会告诉你的"，"这个嘛……我们难说明白"等。

（6）以友好、热情的方式说"不"

一位作家想同哈佛大学某教授交朋友。作家热情地说："今晚我请你共进晚餐，你愿意吗？"不巧教授正忙于准备学术报告会的讲稿，实在抽不出时间。于是，他亲热地笑了笑，略带歉意地说："对你的邀请，我非常荣幸，可是我正忙于准备讲稿，实在无法脱身，十分抱歉！"这样拒绝是有礼貌而且愉快的，而且又是那么干脆。

（7）避免只针对对方一人

某造纸厂的推销员来哈佛大学推销纸张。推销员找到他熟悉的哈佛大学的总务处处长，恳求他订货。总务处处长彬彬有礼地说："实在对不起，我们单位已同××造纸厂签订了长期购买合同，单位规定再不能向其他任何单位购买纸张了，我也应按照规定办。"因为总务处处长讲的是"任何单位"，就不仅仅针对这个造纸厂了。

（8）不说"不"的拒绝

俄国著名的寓言作家克雷洛夫在相当长的一段时间里，生活穷困潦倒，有时甚至交不起房租。

一次，克雷洛夫和他的房东签订租契。房东在租契上写明，假如克雷洛夫不慎引起火灾，烧了房子，必须赔偿1.5万卢布。

克雷洛夫看了看租契，不但不表示异议，而且提笔在后面加上两个"0"。

"怎么，150万卢布！"房东惊喜地喊道。

"是呀！"克雷洛夫不动声色地回答，"反正一样赔不起。"

在生活中谁也免不了要说"不"，掌握以上这些说"不"的技巧，并且在实际的说话中恰当地运用，相信你会体会到拒绝人的心得。

3. 拒绝采用的口气

当然，拒绝人家的请求，否定人家的意见，往往需要委婉地表达。这样既能使对方接受你的意见，又不会伤害对方的自尊心。当你准备说"不"时，不妨采取下列几种策略和口气来应付。

（1）用肯定的口气拒绝

先对对方的意见进行中肯的肯定，然后再找个借口拒绝，这就是用肯定的口气拒绝的技巧。直接反对对方的意见会给对方比较突兀的感觉，情感上因为太突然而难以接受，但是，首先对他的意见给以肯定，让他先有一个好的心情，再拒绝他时就不会过于难受，因为他也有所收获啊！

一位长期从事军事工作的部门负责人说，他最喜欢的词句是："这个提议非常好，以后我们可以适当采用""好主意，不过我恐怕一时还不能实行"。先用肯定的态度表示拒绝，可以避免伤害对方的感情，而用"以后""一时"等字眼，表示还未完全拒绝。

（2）用恭维的口气拒绝

用恭维的口气拒绝别人，即使你是在拒绝别人，可是对方听到的却是你对他的恭维，对于你的拒绝虽然心存不悦，但是由于你的恭维又使这种不平心理得到了安抚，算是打平了，所以，对方也不会因此过分难受。

（3）用商量的口气拒绝

如果有人邀请你参加某集会，而你偏偏有事缠身无法接受邀请，你可以这样说："太对不起了，我今天的确太忙了，下个星期行吗？"这句话要比直接拒绝好得多。

用这种口气拒绝最大的优点就是给了对方另一个希望，使对方感觉你不是直接地拒绝，没有让他觉得很难堪。

（4）用同情的口气拒绝

最难拒绝的是那些只向你暗示和唉声叹气的人。例如一位外地朋友对你说："老李要出差到你们那边，要不是旅馆住宿费那么贵，我也会跟他一起去。"这时你应该采取的策略，是以同情的口吻说："啊，对你的问题，很遗憾我帮不上忙。"另一对策是打开窗户说亮话："如果你是在问能不能来我家里住，恐怕这个周末不行了。"

（5）用委婉的口气拒绝

试比较一下，"我认为你这种说法不对"与"我不认为你这种说法是对的"，"我觉得这样不好"与"我不觉得这样好"这两对表达方式，我们不难发现，尽管前后的意思是一样的，但后者更为委婉，较易为人接受，不像前者那样有咄咄逼人之势。

（6）忌与对方套近乎

给人以"敬而远之"的态度，比较容易把"不"说出来并说得较好，换句话说，对方试图与你套近乎，你要保持头脑清醒，以免做了"感情俘虏"，给对方可乘之机。一般来说，见一次面就能记住别人名字的人，常容易与人接近，故此，在交谈中不断称呼别人的名字，并冠之以"兄""先生"等常使人产生亲近感。那么，反过来你想说"不"时，便应杜绝这种亲密的表示，即对方的名字一概不提，这样加大与对方的心理距离，就容易说"不"了。还有谈话时可尽量距离对方远些，使其不容易行使拍、拉等触动性的亲密动作。据心理学家研究，"触动"是很容易产生共同感受的，所以准备说"不"时应注意避免触动性动作。

五、评价反馈

(一) 360°评价

请学生个人、组长和教师分别打分,把分数填在相应的表格内。

学生课堂 360°评价表

姓名			时间		
评价内容	评价标准	评价主体	得分	备注
团队精神	每项满分 5 分,分为 5 个等级。其中 5 分为优秀,4 分为良好,3 分为合格,2 分为基本合格,1 分为不合格	自己		
课堂主动性		组员		
作品效果		组长		
纪律性		教师		
签名				

(二) 感想与收获

本任务结束之时,请你对本任务的完成情况进行总结和反思,谈谈你的收获与感想,并写在下面的横线上。

_____
_____
_____
_____
_____
_____
_____
_____

学习任务五
抒发一种情感

◆ 导 语 ◆

 **任务描述**

"人非草木,孰能无情?"每个人都拥有情感。那么,什么是情感呢?情感是人对客观事物是否满足自己的需要产生的态度和体验,它包含了所有的心理反应,爱情、幸福、仇恨、厌恶、歉疚等都是情感的一部分。拥有丰富的情感是人和动物的大区别之一,著名心理学家、哈佛大学教授丹尼尔·戈尔曼认为"情感是人类最重要的生存能力",它是促使我们行动的内在力量,不易察觉但极其重要。第一,它是生存的心理工具。第二,情感能为人们提供行动的心理动机。第三,情感是心理活动的组织者。第四,情感是人际交流的重要手段。企业管理专家、人性情商专家、九伍华商国际私董会创始人张艳桦说:"情感是需要经营的,经营是需要管理的,管理是需要能力的,能力是需要提升的。"本学期任务主要有两个学习活动:赞美他人和表达歉意。

学习目标

学生完成"抒发你的情感"这个学习任务后,应该能够:
(1) 善于发现别人的美,及时、恰当地赞美别人;
(2) 及时、有效地表达歉意。

表达训练

 学习内容

（1）赞美的重要性、赞美的内容、赞美的方法与技巧；
（2）表达歉意的内容、方式和注意事项。

学习活动一　赞美他人

一、学习引导

（一）活动热身

（1）观察你周围的五个人，用表达你自己感受的两个字来形容并记录下来。
（2）比一比：看谁展示的记录又多又好。
要求：展示你表达自己感受的词语。

（二）谈谈感受

 案例分享

您肯定花了不少时间吧

在尼克松为法国总统戴高乐举行的宴会上，尼克松夫人费了很大的心思布置了一个鲜花展台：美丽的喷泉旁边是一张马蹄形的桌子，鲜艳的热带鲜花在阳光的照射下显得娇艳无比。

戴高乐将军一眼就看出这是主人为欢迎他而精心制作的，不禁赞不绝口："女主人真是用心，这么漂亮、雅致的计划与布置一定花了很多时间吧。"尼克松夫人听后，觉得非常开心。

看了这个故事以后，你有什么样的感想？你受到了什么样的启发呢？请把你的感想和启发写在下面的横线上，并进行分享交流。

_____
_____
_____
_____
_____

学习任务五　抒发一种情感

二、学习任务

（一）发放任务书

请认真阅读任务书，了解任务要求和学习目标。

任务书

1. 任务名称

赞美王丽的新裙子。

2. 学习目标

能感受到赞美的力量，能利用赞美的方法与技巧得体地赞美别人。

3. 任务描述

星期一的早上，小同收拾好办公桌，正准备埋头工作时，突然一个声音传来："嗨，小同，你看看我买的新裙子，怎么样？"你抬头一看，同事王丽穿了一条新裙子，美滋滋地站在你的面前，可是小同并不喜欢这条裙子。如果你是小同，你该怎么说？

4. 任务要求

（1）以小组为单位，讨论赞美别人的重要性；

（2）以小组为单位，探究赞美的内容、方法与技巧及注意事项；

（3）以小组为单位，把问与答的情景表演出来；

（4）以小组为单位，谈谈本学习活动的收获。

（二）解读任务书并制定计划

（1）解读任务书。

（2）制定计划。

① 把全班学生分成若干组，两人一组。

② 感受赞美的力量：学生共同分享"赞美小故事"。

③ 谈论赞美的内容、方法与技巧和注意事项，选出若干组在班内交流，最后师生共同总结出赞美的内容、方法与技巧及注意事项。

④ 组内赞美实训：一个人做王丽，一人做小同，轮换角色练习。

⑤ 选出若干组进行班内练习，师生共同评价。

⑥ 小组修改并总结。

⑦ 抽选第一次未被选中的组进行展示，并进行评价总结。

三、任务实施

（一）组建团队

自由结组，两人一组，课代表协调，教师指导。

（二）感受赞美的力量

（1）搜集资料，了解赞美的重要性；

(2) 请若干同学分享关于赞美的小故事，并谈谈赞美的重要性；

(3) 师生共同总结：被赞美是人性的需求，每个人都渴望被赞美，赞美别人是关爱别人，赢得良好人际关系的一个重要途径。

（三）探讨：怎样赞美别人？并创作《赞美他人小贴士》。

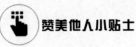

1. 赞美的内容：
   _____
   _____
   _____

2. 赞美方法与技巧：
   _____
   _____
   _____

3. 赞美别人的注意事项：
   _____
   _____
   _____

（四）赞美他人实训——赞赞王丽的新裙子

(1) 师生共同讨论：小同应该如何回应，把讨论结果写在下面的横线上。
小同应这样回应：_____
_____

(2) 组内练习：一名同学扮小同、一名同学扮演王丽，然后轮换。

(3) 选若干组班级内表演，师生共同点评，请把大家对这些小组的评议意见写在下面横线上：
他们应该这样改：_____
_____
_____
_____

(4) 小组再次修改方案、并演出来。

(5) 选上次没有选中的组进行班级展示。

(6) 师生共同总结。

"赞美王丽的新裙子"评分表

小组：_____　　　　　　　　　　　　　　　　　　总得分_____

序号	内容	满分	评分标准	得分
1	语言流畅	10 分	语言流畅、不磕巴	
2	态度真诚	10 分	态度真诚，不敷衍、不做作	
3	赞美具体	20 分	赞美能结合裙子和主人的特点，不笼统	
4	赞美方法	25 分	赞美方法得当、技巧鲜明	
5	赞美效果	25 分	对方很高兴，能很好地促进人际关系的发展	
6	角色体验	10 分	能很好地进入角色，严肃、认真、不笑场	

总分：_____

组长签名：_____

（五）拓展训练

1. 活动名称

赞美你。

2. 活动内容

组内所有成员依次赞美其中的一个小组成员，轮换作为被赞美的学生。

3. 活动要求

（1）运用《赞美他人小贴士》，六人一组，以小组为单位进行活动。
（2）赞美的时候，赞美者和被赞美对象手拉手、眼对眼。
（3）语言流畅，不打磕。

四、知识链接

（一）为什么要赞美别人？

每个人都需要得到别人的认可、肯定和赏识。"人类本性中最殷切的要求就是渴求被肯定"。一个人应该得到别人的赞美而得不到时就会心灰意冷、牢骚满腹，甚至从此自暴自弃。反之，当他听到别人对自己赞美有加时，就会感到愉快，鼓起奋进的勇气。即使他现在还不够完美，只要你给他充分的赞美和肯定，那么在不久的将来，你就会惊喜地发现，他已经成为你想让他成为的那种人了。喜欢被赞美是人的一种本性，美国前总统林肯曾经说过：人人都需要赞美，你我都不例外。赞美别人其实就是做情感的投资。主要是因为：

（1）赞美就是接纳、肯定对方，能增加对方的自信；
（2）赞美对方，可以调整对方对你的态度；
（3）赞美对方同时也是证实自己的实力，这样说是因为你发现了对方有值得你赞美的地方；

（4）最重要的一点：赞美对方，可以改善人际关系，使对方认为你接受他、认可他，你是和他一伙的。

（5）给他人竖立一个榜样，让人们向他学习。

（二）赞美的内容

（1）赞美对方得意的事；

（2）赞赏对方的努力过程；

（3）赞赏你希望对方做的事。

（三）赞美的方法与技巧

（1）巧用比喻。用一个比喻句，更生动形象地夸赞对方，会使对方觉得你对他的这方面的特质很走心。比如刘林对王芳说："你的声音真好听，如银铃一般。"王芳听了心里乐滋滋的。

（2）与自己做对比。通过与自己做对比，显出别人的优秀。比如，小唐是一位销售人员，在与某企业客户的总工谈合作事宜时，听说这位总工过去是学医的，他马上说道："您是学医的呀，真不简单！我当年就想当医生，考医学院，可成绩不够没考上。"再比如，参观朋友的新居，你可以这样说："这房子的布局合理，室内的装修也很考究。我家的装修颜色就没有你的好，东西也很杂乱……"将对方与自己做具体的比较，并技巧性地指出自己略逊一筹，对方会因被人高捧而顿生优越感，心中的高兴自是不言而喻的。

（3）借第三者的话。借别人的话来赞美别人。比如"我经常听王主管提起你，他说你很喜欢看书，文章也写得很棒"；再比如，"我那天碰到阿男，他说他觉得你人很好！又漂亮！"

（4）使别人觉得自己重要。三国时期，马超刚归顺刘备时，爵位就跟关羽不差上下，关羽很不高兴。并且马超以勇猛著称，关羽就想与马超比武。此时诸葛亮修书一封，关羽看完后哈哈大笑，立即打消了和马超比武的念头，并将诸葛亮的书信传于军中让众人膜拜。书信中写道：我听说将军要和马超比个高下，但以我看，马超虽勇武过人，但也就是黥布、彭越之徒耳，和张飞争个高低还行，怎么有资格和美髯公比呢？还有你如今镇守荆州，可谓是国之根本，如果你入川，荆州有失，罪过就大了！在这封信里，诸葛亮指出荆州是立国之本，镇守荆州意义重大，使关羽觉得自己很重要。再加上之前说：马超就如黥布、彭越之流，你和他比不是自降身份吗？这样也满足了关羽的虚荣心。所以，他放弃了比武的念头。

（5）公开赞赏。公开赞赏就是在公众场合赞美某人。公开赞赏会让赞赏的效果更加显著。在公众场合对某人赞赏比私下里赞美效果好得多。尤其在企业里，公开赞赏的作用更大。管理者当众对员工进行表扬正是让他们"突出"，让他们意识到领导对他们的肯定和赞赏，进而激发员工渴求成功的欲望。不仅如此，有了成绩的员工被公开表扬，他们的业绩值得被所有的人关注和赞许，还能给其他人树立一个绝好的榜样，鞭策其他员工暗暗憋上一股劲儿，努力工作，你追我赶，这就形成了良好的工作氛围，使整个企业得到最大的受益。

（6）直言夸奖。夸奖是赞美的同义词。直言表白自己对他人的赞美，这是平常用得最多的方法。老朋友见面说："啊！你今天精神真好啊！"年轻的妻子边帮丈夫结领带边说："你今天看上去气色好多了。"一句平常的体己话，一句出自内心的由衷赞美。会让人精神愉悦，信心倍增。

（7）目标赞美法。在赞美别人时，为他树立一个目标，往往能让他坚定信念，为这一目标而奋斗。足球教练文斯·伦巴迪是一位富有传奇色彩的人物。在训练队伍时，他发现一个叫杰里克雷默的小伙子思维敏捷、球路较多。他非常看好这个小伙子。一天，他轻轻地拍拍杰里·克雷默的肩膀，说："有一天，你会成为国家足球队的最佳后卫。"克雷默后来真的成了国家足球队主力队员。他后来回忆说："伦巴迪鼓励我的那句话对我的一生产生了巨大影响。"

（四）赞美的注意事项

（1）赞美要具体化。赞美越具体越好，这样可以说明你对对方非常了解，对他的长处和成绩非常看重，让对方感到你的真挚、亲切和可信。比如你的同事今天穿了一件新衣服，打扮得很漂亮，你如果仅仅是说"你今天很漂亮，"效果显然会比"这样的连衣裙真是不错，尤其是和你的气质特别搭配"差很多。

（2）赞美要中肯。赞美不是阿谀奉承，不是拍马屁，赞美的话要符合被赞美的事情，语言比较中肯，很有鼓励性和启迪性，会让被赞美的人很容易接受。

（3）赞美要发自内心。赞美一个人要从内心里，真正的佩服这个人或者就是特别想鼓励这个人，不说不行，是完全发自内心的，不是看着别人都是说一些漂亮的话，自己也跟着说，那就不是赞美了，不然说出来的话，自己都感觉不舒服。

（4）赞美不盲目。在想给人赞美之前，就要了解这个人，也要了解他做了什么事情，为什么要赞美他，赞美他的什么，是这个人，还是这个人所做的事情，不能看到别人都在说赞美的话，自己不了解情况也跟着赞美了，说出的话不符合实际情况，有时还会闹出笑话的。

（5）赞美要真诚。赞美的时候，自己一定要面带微笑，注视着对方，说话温和，语调不高不低，表情自然不做作，也可以携带一些动作，容易让人接受，让人感觉你是真诚的，这样才是真正的赞美。

（6）赞美要与众不同。赞美要想给人留下难以磨灭的印象，让对方通过你的赞美记住了你这个人，那就需要让自己的赞美与众不同，别人都说过的赞美语就不要再去重复了，比如已经有九个人说你好漂亮呀，你再说同样的话，她就不认为是赞美了，因为听腻了，甚至会反感了。

在日常生活中，应敞开心灵接纳别人，应该去发现、去寻找别人值得称赞的地方，并设法真诚地告知他，这样能给他的平凡的生活带来阳光与欢乐，使生活更加光彩。真诚赞美别人其实也是自己进步的开端，只有当自己抱着开朗、乐观的态度面对生活时，才能被别人的优点和长处所吸引。只有当心胸开阔，对人对己有足够信心的时候，才能由衷地赞美别人，才能和谐地与人相处共事，使生活道路上少些荆棘，多份生命力。赞美是一门学问，其中的奥妙无穷。

学习活动二　表达歉意

一、学习引导

活动热身

你和同事约好周末去一家餐厅吃饭,结果你迟到了。此时,你会怎么做?分享交流,并选一选谁的方案最好。

二、学习任务

(一) *发放任务书*

请认真阅读任务书,了解任务要求和学习目标。

任务书

1. 任务名称

为这起事故向公众道歉。

2. 学习目标

(1) 在错误出现之后,能及时、诚恳道歉;

(2) 能把握住道歉的六要素,实现较好的道歉效果,很好地修复关系。

3. 任务描述

入职某石油公司10年后,你被提拔为这家公司的总经理。然而就在提拔为总经理的第二年,"深水地平线"钻井平台因石油泄漏发生大爆炸,11名石油工人丧生,同时造成了最严重的海洋石油污染。此时,你该如何向公众道歉?

4. 任务要求

(1) 通过讨论,理解道歉的重要性和有效道歉的作用;

(2) 制作《道歉小贴士》;

(3) 写作道歉发言稿;

(4) 向公众道歉实训。

5. 资源准备

(1) 方格纸、笔等文具;

(2) 关于道歉的学习资料;

(3) 相关评分表。

（二）解读任务并制定计划

（1）根据学生的基础、学习主动性等因素把全班合理地分为5～6个学习小组，确保每组5～6人，每组选一名小组长和小组秘书。

（2）组内讨论，理解道歉的意义和作用，选若干名学生进行班级分享。

（3）小组学习：制作"道歉小贴士"。

（4）以小组为单位，写作道歉稿。

（5）道歉实训。

（6）总结评价。

三、任务实施

（一）组建团队

1. 时间

10分钟左右。

2. 步骤

（1）各小组讨论，填写下表。

表达与沟通能力课程学习小组情况表

班级		组名	
组训			
组歌			
成员姓名		联系电话	
组长：			
秘书：			

小组标志：

(2) 各组在组长的带领下团队合作,以自己的方式充分展示自己的团队。

(二)探究:及时而有效地道歉有什么作用?

(1) 先以小组为单位,广泛搜集资料,充分讨论,理解及时而有效地道歉有什么重要意义。

(2) 每组选代表进行班级分享。

(3) 师生共同总结。

(4) 把道歉的意义写在下面的横线上。

_____

_____

_____

(三)以组为单位,制作《道歉小贴士》

1. 小组探究

(1) 道歉的六要素有哪些?

(2) 道歉的注意事项有哪些?

(3) 道歉所涉及的内容有哪些?

2. 制作《道歉小贴士》

要求:把道歉所涉及的内容、道歉的六要素和道歉的注意事项融合在《道歉小贴士》里。

道歉小贴士

（四）以组为单位，以任务书中总经理的身份写一份道歉稿

（1）小组讨论，撰写初稿；
（2）班级分享，并互提修改意见；
（3）小组修改，并提交，再次相互提意见；
（4）各组定稿。所有成员把本组的最终版的《道歉稿》写在下面的横线上。

_____
_____
_____
_____
_____
_____
_____
_____
_____
_____
_____
_____

道歉稿评分表

组别：_____   组长：_____

序号	内容	满分	评分标准	得分
1	语言	15 分	语言流畅，句子通顺	
2	卷面	15 分	卷面整洁，无涂改	
3	语气	30 分	语气诚恳，不浮华，不矫揉造作	
4	内容	40 分	内容全面，包括：①由于自己的过失，给大家带来的损害和悲伤，以及其他不良影响；②自己抱歉的心情；③整改措施	

总分：_____

组长签名：_____

（五）道歉实训

（1）组内训练：小组内每位同学都以总经理的身份按照稿件的内容，向大家道歉，并相互点评、打分。

道歉实训评分表

组别：_____   组长：_____

序号	内容	满分	评分标准	得分
1	语言	15 分	语言流畅，不磕巴	
2	态度	30 分	态度诚恳，不敷衍	

续 表

序号	内容	满分	评分标准	得分
3	内容	40分	内容全面，包括：①由于自己的过失，给大家带来的损害和悲伤，以及其他不良影响；②自己抱歉的心情；③整改措施	
4	整体效果	15分	训练投入，能很好地重塑形象，修复关系	

总分：

组长签名：

（2）每组选一名代表进行班级展示。
（3）师生点评，并打分。
（4）教师总结。

四、知识链接

（一）道歉的重要性

每个人都会犯错误。我们在生活或者工作中做错事，或者是伤害到了别人的感情，如果道歉做得好，就能化解冲突、修复关系、促成原谅，并且还有可能拉近关系。而如果你采取了错误的道歉方式，就可能会进一步加剧双方的问题，让双方的关系变得更加糟糕。

（二）道歉六要素

美国学者亚当加林斯基（Adam Galinsky）和马利斯施韦泽（Maurice Schweitzer）分别在哥伦比亚大学与沃顿商学院执教，他们在合作的新书《怪诞关系学》中，从科学的角度介绍了如何更好地维护人际关系，赢得信任，增强合作。其中，对于关系受损或者破裂后该如何道歉、如何弥补，他们给出了六个成功道歉的必备要素。

第一是要迅速。

作者统计了众多成功的道歉案例，结果发现，速度快是获得原谅的首要因素。要做到迅速、及时，拒绝含糊其词和无谓拖延，你要意识到，当你做错事想要道歉时，认错就是要和时间赛跑。

第二是态度要坦诚。

有效的道歉应该公开透明。也就是说，做错事的人要开诚布公，说明问题所在。这有助于第一时间赢得对方的信任并平复情绪。想想那些跨国大企业在产品出现问题时，他们发布的含糊其词玩弄文字游戏的公关稿，你就能理解坦诚对于赢得多方的谅解有多么重要。

第三是示弱。

主动暴露自身弱点能够帮助建立信任关系。人都不是完美的，每个人都会犯错误。而示弱的人容易被同情也是有科学依据的。通过暴露弱点来重建信任的方式也广泛体现在灵长类动物中。很多猴子和猩猩在打斗结束之后会把自己的一个手指放到被欺负的一方口中，以此表示道歉。灵长类动物的下颚强硬有力，生气的时候轻易就能咬断手指，而这个暴露弱点的动作就传递出了有力的信号，就是对刚刚打斗过的对手表示信任。

第四是关注受害人。

人们在生活中难免会做错事，或是伤害到别人的感情。如果道歉做得好，就能化解冲突、修复伤害、促成原谅，并且改善关系。有效的道歉要表示出对受害人的关切，要谈到因你的原因，对方受到了什么影响、承担了什么不好的后果。这一点听上去似乎理所当然，但是实际上很多致歉人总是以自我为中心。向一个人致歉就应该把关注重心转向那个人，这似乎是一个显而易见的道理，但是真正落实起来却很困难。

第五是承诺进行改变。

有效的道歉也意味着清晰地规划改革。如果只是致歉对扭转局势能起到一定作用，但是承诺进行改变带来的影响最大，这决定了之后对方会给你多少的信任。

著名社会学家欧文·高夫曼认为，成功的道歉将致歉人分为两类：一类是对错误承担责任的个体，另一类是值得再获得一次机会的个体。如果致歉是成功的，那么第二类个体已经与第一类截然不同。在这种情况下，人际关系得以修复。承诺进行改变就是将致歉者一分为二的关键："过去的我"犯下错误，"现在的我"已经全然不同。

第六是忏悔。

道歉和承诺改变十分有力，但是忏悔能带来更深刻的转变。这里的忏悔指的是什么呢？任何对受害者的赔罪都算是忏悔。在很多传统文化中，送礼是修复人际关系的必要部分。礼物的货币价值也许不高，却象征着悔悟。无论是水果篮还是终身免费医疗护理，都能让赔罪产生一定效果。

说到象征物，其实它也不仅是在道歉中起到作用，它也会在建立其他关系中起到作用。

真正有力的象征物因为成本高昂，只有真诚付出的人才愿意进行这样的投资。它可能是时间成本、经济成本，或者是其他资源成本。比如，从恋爱关系升级到婚姻需要一枚钻戒。钻戒成为一生一世承诺的标准象征是因为其价格高昂，如果一个人没有真心诚意，并不可能进行如此昂贵的投资。戒指的成本就是这个信号的关键特征。所以，在道歉时除了考虑送礼物或者赔偿之外，也要考虑多少的赔偿能表达出自己的诚意。

总之，人们在犯错时，信任关系可以轻易被瓦解，人们迟早要面对自己犯下的错误，如果辜负了他人的期待，一定要迅速、坦诚、有力地致歉。以上就是如何正确道歉的方法，希望能对你有所启发。

（三）道歉的注意事项

（1）及时进行道歉。如果你发现你犯了错，就应该立即去道歉，不然的话越拖越难以说出口。反过来说，如果是别人犯的错误，而迟迟没有来道歉，你应该学会冷静不要发脾气。

（2）不要自我辩护。很多人道歉时，会把重心放在自己的身上，包括自己的意图、想法和感觉，当你把事情搞砸了，受此影响的人并不想听到你的事，应停止谈论自己，把道歉的焦点放在对方身上。

（3）不要让对方认为你认错的目的是息事宁人，那样做你就达不到道歉的目的。

（4）弄清道歉对象。应该根据你与道歉对象之间的关系，调整道歉方式，比如，你向配偶做出的道歉，应该不同于你把咖啡溅到陌生人身上而做的道歉。对陌生人或点头之交来说，他们需要你提供补偿；对你的伴侣、同事或朋友来说，你需要提供的是表现同理心，也就是说你要从对方的观点出发，勇于承认自己造成的伤害并且表达关心。通过表现同理心，对方会觉得自己是以伙伴的关系被了解与尊重，因而能够重建信任；在团队的环境里，不需要补偿或同理心，你需要承认自己违反了规则与规范。

五、评价反馈

（一）360°评价

请学生个人、组长和教师分别打分，把分数填在相应的表格内。

学生课堂360°评价表

姓名			时间	
评价内容	评价标准	评价主体	得分	备注
团队精神	每项满分5分，分为5个等级。其中5为优秀，4为良好，3为合格，2为基本合格，1为不合格	自己		
课堂主动性		组员		
作品效果		组长		
纪律性		教师		
签名				

（二）感想与收获

本任务结束之时，请你对本任务的完成情况进行总结和反思，谈谈你的收获与感想，写在下面的横线上。

_____
_____
_____
_____
_____
_____
_____
_____
_____
_____
_____

参 考 文 献

[1] 赵京立. 演讲与沟通实训. 2版. 北京：高等教育出版社，2014.
[2] 鸿雁. 心理学与口才技巧. 长春：吉林文史出版社，2017.
[3] 杨海洋. ６０天完美口才打造计划. 北京：经理管理出版社，2011.
[4] 戴尔·卡耐基. 卡耐基口才的艺术与人际关系全集. 马建涛，肖文剑，译. 北京：中国华侨出版社，2010.
[5] 罗伯特·阿尔伯蒂、马歇尔·埃蒙斯. 应该这样表达你自己：自信和平等的沟通技巧. 张毅，谭靖，译. 北京：京华出版社，2009.
[6] 郭千水. 实用口语训练教程. 北京：清华大学出版社，2004.
[7] 应天常. 口才训练术. 上海：上海文艺出版社，2004.